# 99 × AMSTERDAM wie Sie es noch nicht kennen

Silke Heller-Jung
Hans Zaglitsch

BRUCKMANN

# Inhalt

## Am südlichen Grachtengürtel



## Jordaan, Westliche Hafeninseln und Haarlemmerdijk



## Oud-Zuid und De Pijp

## Plantagebuurt und Jüdisches Viertel



## Der »neue Osten« am IJ und Oost



## Jenseits des IJ und rund um die Stadt

# Vorwort

**Grachtengürtel, Rotlichtviertel, Rijksmuseum** – wer sich in Amsterdam nur auf die üblichen Highlights beschränkt, verpasst eine ganze Menge. Amsterdam kokettiert damit, die kleinste Metropole der Welt zu sein. Doch Sie wissen ja: Klein, aber oho! Wer hier auf Entdeckungsreise geht, muss keine weiten Strecken zurücklegen. Trotzdem warten auf Schritt und Tritt versteckte Schätze darauf, entdeckt zu werden. Man muss nur genau hinschauen und -hören. Amsterdam ist nicht nur eine Stadt mit Geschichte – es steckt auch voller Geschichten, die es wert sind, erzählt zu werden.

Wissen Sie, was es mit dem Germanenfilter auf sich hatte oder warum es sich im Goldenen Zeitalter lohnte, auf ein Seekamel zu warten? Kennen Sie das Geheimnis des Schwans, der auf der Ronde Lutherse Kerk thront? Haben Sie mal im Inneren eines Wals gestanden oder eine Riesenseerose bewundert, die nur nachts blüht? Haben Sie eine Idee, warum das moderne Fußballstadion von Ajax Amsterdam mitten über einer Straße gebaut werden musste und warum in der Herenstraat ein kleiner Turbanträger ständig die Zunge herausstreckt? Wieso der Kaiser von Amsterdam bei strengem Frost um seinen Thron fürchten muss und wo man dem Gründer der Müllabfuhr ein Denkmal errichtet hat? Welcher Frisör sich mit Punkfrisuren einen Namen gemacht hat und wo es eine riesige Auswahl an traumhaften Second-Hand-Brautkleidern gibt?

Wenn Sie bei den meisten Fragen passen mussten, ist das überhaupt nicht schlimm. Freuen Sie sich! Ihnen stehen viele interessante, spannende oder lustige Überraschungen bevor. Viel Spaß dabei!

Ihre Silke Heller-Jung

# 01 Artgerechte Haltung für Drahtesel

*Angeblich gibt es in Amsterdam deutlich mehr Fahrräder als Einwohner. Jedermann, so scheint es, bewegt sich auf zwei Rädern fort. Doch wo lässt man das geliebte Fiets, wenn man gerade mal nicht darauf unterwegs ist? Als Fahrradhauptstadt Europas hat Amsterdam die verschiedensten Parkmöglichkeiten zu bieten.*

**Tausende von Fahrrädern** werden täglich allein rund um den Hauptbahnhof abgestellt. Um sie alle unterzubringen, entstand im Jahr 2001 nur einen Steinwurf vom Bahnhofsportal entfernt das erste Fahrradparkhaus Europas. Weil man keinen wertvollen Platz in bester Citylage verschwenden wollte, wurde es über einer Wasserfläche erbaut. Sanft geneigte Rampen verbinden die Parkdecks des dreistöckigen Gebäudes, das ursprünglich nur als Übergangslösung für die Dauer der Bauarbeiten am Hauptbahnhof gedacht war und 2004 wieder geschlossen werden sollte. Innerhalb kürzester Zeit erfreute sich das Provisorium aber so großer Beliebtheit, dass es 2007 renoviert wurde und bis heute Dienst tut. Das hundert Meter lange Fahrradparkhaus bietet offiziell Platz für 2500 Räder; tatsächlich werden hier bis zu 4000 abgestellt. Damit man in diesem Gewimmel sein Rad wiederfindet, empfiehlt die Parkhausaufsicht, sich die nächstgelegene auf den Boden geschriebene Nummer zu merken.

Als Abstellflächen für Fahrräder kommen in Amsterdam auch Schwimmpontons und eine umgebaute Fähre zum Einsatz. Man kann Dauerstellplätze mieten und online Fahrradparkplätze reservieren. Unter dem Zuidplein im neuen Geschäftsviertel Zuidas entstand eine Tiefgarage für Zweiräder und am Tolhuisplein gibt es eine vollautomatische Fahrradparkstation: Die Mieter schieben ihr Fiets in eine Box; von dort wird es am Vorderrad hängend in ein unterirdisches Parkkarussell verfrachtet und kommt auf Anforderung wieder ans Tageslicht. Um die angespannte Zweiradverkehrssituation zu entspannen, sollen bis 2020 insgesamt 38 000 neue Fahrradparkplätze entstehen.

**Fietsflat** · Rund um die Uhr geöffnet · Stationsplein 17 (westlich des Haupteingangs) · 1012 AB Amsterdam

Wo ist mein Rad? Ein Handyfoto des Parkplatzes erleichtert das Wiederfinden …

# 02 Das Geheimnis des Schwans

*Wetterhähne kennt man von vielen Kirchturmspitzen. Doch auf dem Dach der Ronde Lutherse Kerk am Singel thront weithin sichtbar ein großer Schwan. Der stattliche Vogel erinnert an die finsteren Zeiten, in denen in Europa Andersgläubige noch als Ketzer verbrannt wurden.*

**Mit einem friedlichen Umsturz, der Alteratie**, wurde 1578 die katholische Stadtregierung von Amsterdam durch eine calvinistische abgelöst. Andere Glaubensrichtungen wurden toleriert, allerdings mit Einschränkungen. So durften Katholiken zwar weiter Messen abhalten, aber nicht in der Öffentlichkeit. Deshalb wurden in der Folgezeit eine ganze Reihe von Geheimkirchen errichtet. Aber auch innerhalb des Protestantismus entwickelten sich unterschiedliche Strömungen, die nicht alle die gleichen Rechte genossen. So war es lutherischen Gemeinden in Amsterdam nicht gestattet, ihre Kirchen mit einem Glockenturm zu versehen – dies war allein den Reformierten vorbehalten.

Im 17. Jahrhundert stieg die Zahl der Gläubigen in der Lutherischen Gemeinde Amsterdams stark an. Darum wurde zwischen 1668 und 1671 die Ronde Lutherse Kerk errichtet, die als einzige protestantische Kirche der Niederlande einen kreisrunden Grundriss hat. Weil ein Kirchturm nicht erlaubt war, krönte Architekt Adriaan Dortsman den markanten Kuppelbau mit einer Laterne. Der Schwan obenauf macht die Kirche weithin als lutherisches Gotteshaus kenntlich. Warum das? Der tschechische Reformator Jan Hus, dessen Nachname auf Deutsch »Gans« bedeutet, wurde 1415 als Ketzer verbrannt. Auf dem Weg zum Scheiterhaufen soll er gesagt haben: »Heute bratet ihr eine Gans, doch aus der Asche wird ein Schwan auferstehen, der lauter und besser singt als ich.« Rund hundert Jahre nach Hus' Tod schlug dann der Reformator Martin Luther seine 95 Thesen an der Schlosskirche zu Wittenberg an. Daher gilt der Schwan als Symbol für Martin Luther. Die runde Kirche dient heute als Konferenzzentrum und gehört zum nahegelegenen Renaissance Amsterdam Hotel.

**Ronde Lutherse Kerk** · Singel 11 · 1012 SZ Amsterdam

Die kreisrunde Lutherse Kerk ist leider nur von außen zu besichtigen.

03

# Amsterdam von unten – Rundgang mit Obdachlosen

**Abseits der gewohnten Pfade** zeigen diese Stadtführungen ein anderes Gesicht der Stadt: Bei den Amsterdam Underground City Walks erzählen ehemalige Drogenabhängige und Obdachlose vom Leben auf der Straße und erklären, warum das Gebiet rund um den Zeedijk lange als »No-go-Area« galt. Eine soziale Organisation organisiert die nicht-kommerziellen Rundgänge; die Einnahmen fließen teils an die Guides, teils in Hilfsprojekte. Jeden Samstag um 14 Uhr startet am Laden der Brauerei de Prael (S. 15) eine Führung, der man sich ohne Voranmeldung anschließen kann. Für Touren an Werktagen ist eine Online-Anmeldung nötig; diese Touren beginnen abweichend am Café Dwaze Zaken (Prins Hendrikkade 50).

**Amsterdam Underground City Walks** · Führung ohne Voranmeldung nur Sa 14 Uhr; Kartenverkauf und Start: Winkel de Prael · Oudezijds Voorburgwal 30 · 1012 GD Amsterdam · Info/Buchung für Touren von Mo–Fr über www.amsterdamunderground.org

Eine Tour zu den Schattenseiten der Stadt beginnt auf dieser sonnigen Caféterrasse.

# Ein Ort der Einkehr für jedermann

04

**Jedermann ist willkommen** in dieser besonderen Kapelle, die von der christlich-ökumenischen Gemeinschaft Oudezijds 100 getragen wird. Im Jahre 1955 ließen sich der evangelische Pfarrer Rolf Boiten und seine Frau Georgine mitten im Rotlichtviertel nieder und schufen eine Anlaufstelle für jeden, der Rat oder Hilfe brauchte. Denn schließlich lebt ein guter Hirte zwischen seinen Schafen. 1977 öffnete dann in den Räumen eines ehemaligen Sextheaters die Allemanskapel van Sint Joris ihre Pforten, die Symbole unterschiedlicher Glaubensrichtungen in sich vereint. Täglich halten Geistliche befreundeter Kirchen hier ein Morgen- und ein Abendgebet – nur sonntags nicht: Dann geht jeder in seine eigene Kirche.

**Allemanskapel van Sint Joris** · Morgengebet: 8.45 Uhr, Abendgebet: 19.30 Uhr (täglich außer So) · Oudezijds Achterburgwal 104 · 1012 DS Amsterdam · www.oudezijds100.nl

Das Fußbodenmuster symbolisiert die Kreise, die Gottes Wort in der Welt zieht.

Viele Stunden Handarbeit stecken in solch aufwendigen Masken.

# Elegante Masken im Venedig des Nordens

05

*War es Zufall oder Schicksal, das Frank Driesen an jenem Frühlingsabend im Jahre 2002 in jene abgelegene Gasse in Venedig führte? Der Antiquitätenhändler aus Amsterdam begegnete dort einem Mann, der sich noch auf die Fertigung traditioneller venezianischer Masken verstand. Driesen war sofort fasziniert.*

**Wer das kleine Ladengeschäft** an der Warmoesstraat betritt, dem kommt in den Sinn, dass Amsterdam auch als das »Venedig des Nordens« bezeichnet wird. Überall hängen, liegen, stehen kunstvoll gearbeitete Masken; schlichte weiße, aufwendig bemalte, vergoldete, mit Federn, Pailletten oder Spitzen besetzte, Halbmasken und solche, die das ganze Gesicht bedecken. Bodenlange Umhänge und Dreispitzhüte machen die venezianische Karnevalstracht komplett. Mit den Masken, die er seinerzeit von seiner Venedigreise mitgebracht hatte, dekorierte Frank Driesen sein Antiquitätengeschäft. Schon bald fragten die ersten Kunden, ob sie nicht dieses oder jenes Exemplar kaufen könnten? Kurzerhand beschloss Driesen, sich ganz den Masken zuzuwenden. Was sprach dagegen, die hervorragenden Handelsbeziehungen, die schon im Goldenen Zeitalter zwischen Amsterdam und Venedig bestanden, im Kleinen wieder aufleben zu lassen?

Der Niederländer ließ sich in Venedig in der Kunst der traditionellen Maskenherstellung unterweisen und richtete schließlich in den Niederlanden ein eigenes Atelier ein. Mittlerweile konzentriert sich Frank Driesen vor allem auf das Entwerfen neuer Maskenmodelle, die er dann von geschickten Kunsthandwerkern in Venedig realisieren lässt. In seinem Maskenladen in Amsterdam und weltweit via Internet vertreibt er die eleganten Kunstwerke, die sich sowohl zur stilvollen Verkleidung als auch als Wandschmuck eignen. Mit merklichem Stolz erzählt er, dass seine venezianischen Geschäftspartner die Masken für den Stanley-Kubrick-Film *Eyes Wide Shut* entworfen und gefertigt haben. Ehrensache, dass er auch diese Prachtexemplare gleich in sein Sortiment aufgenommen hat …

**Mask Shop Venice** · Tgl. 12–19, Do bis 21 Uhr · Warmoesstraat 18 a · 1012 JD Amsterdam · Tel. 020/320 33 89 · www.maskshopvenice.com

Die Brauerei de Prael hat als sozial orientiertes Unternehmen Vorbildcharakter.

# Prost, Johnny! – Wo die Biere Namen tragen

*Schon um das Jahr 1300 lag hier, im ältesten Teil der Stadt, ein Bierkai, an dem per Schiff angelieferte Bierfässer abgeladen wurden. Heute ist am Oudezijds Voorburgwal die kleine Brauerei de Prael ansässig. Das unkonventionelle Brauhaus beweist, dass soziales Engagement und gutes Bier ganz wunderbar zusammenpassen.*

**Wie bringt man ehemalige Psychiatrie-Patienten** zurück auf den Arbeitsmarkt? Mit dieser Frage beschäftigte sich Fer Kok lange Zeit beruflich – bis er eines Tages beschloss, ihnen selbst Arbeit zu geben. Gemeinsam mit Arno Kooy gründete der begeisterte Hobbybrauer Kok 2002 die Brauerei de Prael. Auf traditionelle Weise Bier zu brauen erfordert eine Vielzahl von Arbeitsschritten, so die Überlegung. Da müsste es doch möglich sein, so ziemlich für jeden, der arbeiten möchte, eine passende Aufgabe zu finden. Der Plan stieß zunächst auf wenig Gegenliebe: Alkohol und Psychiatrie? Passt das denn zusammen? Mithilfe öffentlicher Fördergelder kauften die Gründer eine erste Grundausstattung und legten los – mit beachtlichem Erfolg. 2008 übersiedelte die Brauerei vom Stadtrand in ein historisches Grachtenhaus im Herzen der Stadt. Gleich um die Ecke, am Oudezijds Armsteeg 26, kann man die verschiedenen leckeren Biere im gemütlichen Proeflokaal verkosten. Die Brauerei selbst, der zugehörige Laden und das Lokal geben inzwischen gut hundert Menschen Arbeit. Der Laden bietet neben diversen Bieren auch Senf, Chutneys und sogar Liköre aus Bier. Hobbybrauer können hier Hopfen kaufen. Regelmäßig finden auch Führungen durch die Brauerei statt.

Neben ihrem sozialen Engagement haben die beiden Gründer noch eine weitere gemeinsame Vorliebe: das Amsterdamer »Levenslied«, volkstümliche Schlager über Freud und Leid, Höhen und Tiefen des Alltagslebens. Und so sind die Biere der Brauerei de Prael nach verschiedenen Stars dieser Musikrichtung benannt: Da trifft Johnny (Jordaan) auf Tante Leen und André (Hazes) steht einträchtig neben Willy (Alberti).

**Brouwerij de Prael** · Führungen Di–Fr 13–18, Sa 13–17, So 14–17 Uhr, jeweils zur vollen Stunde · Oudezijds Voorburgwal 30 · 1012 GD Amsterdam · Tel. 020/408 44 70 · www.deprael.nl

07

# Von der Wand in den Mund

*Ob die Snacks der Schnellrestaurantkette FEBO tatsächlich das »lekkerste« sind, was man in Amsterdam finden kann, sei jetzt mal dahingestellt. Ihren Kultstatus verdanken die gelb-roten Schnellimbisse jedenfalls den Verkaufsfächern mit den gläsernen Türchen, die sich nach dem Einwurf einiger Münzen öffnen lassen.*

**Es sind längst nicht nur Touristen**, die andächtig vor den Automatenwänden stehen, wo hinter den kleinen Fensterchen Kroketten, Burger und andere warme Snacks auf hungrige Kundschaft warten. In der Filiale am Oudezijds Voorburgwal etwa kehren auch Einheimische, Familien, Rentner und Nachtschwärmer ein. Für viele Amsterdamer zählt ein solcher Imbiss »aus der Wand« zu den frühesten Kindheitserinnerungen. 1941 ließ Johan de Borst sein Unternehmen, eine Bäckerei, unter dem Namen Maison FEBO ins Handelsregister eintragen. Später erweiterte er sein Sortiment um selbstgemachte Salate und Kroketten (panierte und frittierte Rollen mit einer Füllung aus püriertem Fleischragout), die sich hervorragend verkauften. 1960 eröffnete der findige Bäcker am Karperweg ein erstes Automatenrestaurant. Die Amsterdamer waren so begeistert, dass de Borst seine Bäckerei schloss und stattdessen eine Großküche einrichtete, die die alsbald wachsende Zahl von Filialen mit Snacks versorgte.

Seit 1978 können auch Franchise-Partner FEBO-Restaurants eröffnen. Die Herstellung der Speisen aber gab der 2008 verstorbene de Borst nie aus der Hand. Längst hat sich das Unternehmen zu einem landesweiten Konzern mit über 60 Verkaufsstellen gemausert, den inzwischen der Enkel des Gründers, Dennis de Borst, führt. Die Snacks aber werden noch immer täglich frisch im eigenen Haus produziert – rund 450 000 pro Woche. Im Jahr 2011 erschien ein Buch über die Erfolgsgeschichte des »Kläppchen-Restaurants«. Das Vorwort verfasste ein bekennender FEBO-Fan: die Fußball-Legende Johan Cruyff, der sich bei FEBO gern ein »broodje halfom« mit Pökelfleisch und Leber holt.

**FEBO** · So–Do 12–3, Fr, Sa 12–4 Uhr · Oudezijds Voorburgwal 33 · 1012 EJ Amsterdam · Tel. 020/626 03 60 · www.febodelekkerste.nl

»Die Basis des Erfolgs ist die Qualität der Produkte«, so das Credo des FEBO-Gründers.

# 08 (K)ein Job wie jeder andere

*Keine Fotos! Das ist die erste und wichtigste Verhaltensregel bei einer Tour durch das Rotlichtviertel. Warum das so ist, wissen die Führerinnen der Wallen-Tour aus eigener Erfahrung. Sie haben selbst als »Sexwerker« gearbeitet und kennen die ungeschriebenen Gesetze des Gewerbes ganz genau.*

**De Wallen, das Rotlichtviertel von Amsterdam**, liegt im ältesten Teil der Stadt. Rund um die Oude Kerk reihen sich Lokale, Sextheater und Schaufenster aneinander, in denen Prostituierte auf Kunden warten. Mariska Majoor war 16, als sie anfing, als Prostituierte zu arbeiten. Fünf Jahre lang verdiente die junge Frau so ihren Lebensunterhalt und empfand das, wie sie sagt, als ganz normalen Job. Weil viele Mitmenschen das aber ganz anders sahen, beschloss Mariska, das Thema »Sexarbeit« aus der Tabuzone zu holen. 1994 mietete sie mitten in De Wallen ein Haus und richtete dort das Prostitutie Informatie Centrum, kurz PIC, ein. Wer sich aus erster Hand über die Arbeit einer Prostituierten informieren möchte, ist hier an der richtigen Adresse.

**Verführung pur: Bei Puccini Bomboni am Oudekerksplein 17 gibt es die ausgefallensten Pralinenkreationen. Wer Schokolade mag, wird Puccini lieben.**

Ein ungeschminktes Bild des Rotlichtbezirks bekommt man bei den rund einstündigen Führungen, die das PIC anbietet. Die Guides kennen das Viertel wie ihre Westentasche und verfügen selbst über Berufserfahrung im Sexgewerbe. Sie wissen darum auch, dass Fensterprostituierte, wenn sie fotografiert werden, ihr Recht am eigenen Bild notfalls handgreiflich durchsetzen – zum einen, weil sie sich nicht als Ware, sondern als arbeitende Menschen mit einem Recht auf Privatsphäre verstehen, zum anderen, weil manche ihre Tätigkeit im Rotlichtviertel lieber geheim halten möchten. 2007 hat Mariska Majoor ihren Ex-Kolleginnen auf dem Oudekerksplein ein Denkmal gesetzt: Die kleine Bronzestatue von Els Rijerse stellt eine Prostituierte dar. Darunter steht der Appell: »Respect sexworkers all over the world.«

**Prostitutie Informatie Centrum (PIC)** · Wallen-Tour (ohne Voranmeldung) Sa 17 und Mi 18.30 Uhr (Start PIC, oft auf Englisch) · Enge Kerksteeg 3 · 1012 GV Amsterdam · Tel. (mobil) +31 6 13 57 27 99 · www.pic-amsterdam.com

Das Prostitutie Informatie Centrum feierte 2014 sein 20-jähriges Bestehen.

Hier liegen die Nerven blank: Die Ausstellung *Body Worlds* ist schaurig-schön.

09

# Das kalkulierte Grauen

*Das geht unter die Haut: Im ehemaligen American-Express-Gebäude am Damrak sind seit dem Frühjahr 2014 die plastinierten Körper echter Menschen zu sehen. Sorgfältig präpariert und schaurig-schön in Szene gesetzt sollen sie den Besuchern das Thema »Glück« in allen seinen Facetten näherbringen.*

**An seiner Arbeit scheiden sich die Geister**: Der deutsche Arzt und Wissenschaftler Gunther von Hagens hat ein Verfahren entwickelt, mit dem er Leichen und Leichenteile präparieren und dauerhaft konservieren kann. Die so aufbereiteten Körper arrangiert er zu Szenen aus dem menschlichen Alltag. An Material mangelt es von Hagens nicht: Der Andrang der freiwilligen Körperspender, die nach ihrem Tod als Exponat fortbestehen möchten, ist groß. Seit Jahren tourt der umtriebige Erfinder mit seinen *Körperwelten* durch die Lande; hinzu kommen Dauerausstellungen im ostdeutschen Guben, in Mexico City, New York und – seit Anfang 2014 – nun auch Amsterdam.

Unter dem Titel *The Happiness Project* ist dort auf sechs Stockwerken eine Auswahl von in lebendigen Posen erstarrten toten Körpern zu sehen. Hier hebt gerade ein Saxofonist sein Instrument an die Lippen, dort hat sich eine schlanke Frau malerisch auf einer Schaukel niedergelassen, und an anderer Stelle entdeckt der Besucher ein Paar beim Liebesakt. Ihrer Haut entkleidet, stellen die Exponate wie anatomische Modelle ihre Sehnen, Muskeln und Knochen zur Schau. Das kann man faszinierend finden oder aber abstoßend. Die Ausstellung soll nach Angaben von Hagens' verdeutlichen, wie sich Glücksgefühle auf den Körper und die Gesundheit auswirken. Das Interesse an diesen Zusammenhängen ist offenbar groß: Schon wenige Monate nach der Eröffnung konnten die Ausstellungsmacher die 100 000ste Besucherin begrüßen.

▶ **Sie finden die *Körperwelten* zu wahr, um schön zu sein? Dann gehen Sie lieber in Madame Tussauds Wachsfigurenkabinett (Dam 20): Da ist alles echt künstlich.**

**Body Worlds: The Happiness Project** · So–Mi 9–19, Do–Sa 9–21 Uhr, im Sommer tgl. 9–21 Uhr · Damrak 66 · 1012 LM Amsterdam · Tel. 020/216 06 01 · www.bodyworlds.nl

# 10 Drum prüfe, wer sich ewig bindet …

*Mitten im Rotlichtbezirk De Wallen liegt die Oude Kerk, die älteste Kirche und zugleich das älteste Gebäude der Stadt. Die »Huiskamer«, also das Wohnzimmer Amsterdams wird sie genannt. Seit eh und je gehört die Oude Kerk für viele Amsterdamer quasi zur Familie. Schon Rembrandt bekam hier einst gute Ratschläge.*

**Die Anfänge der Oude Kerk** reichen zurück bis in 13. Jahrhundert. In einer kleinen hölzernen Kapelle beteten die Fischer damals um eine sichere Heimkehr. Im September 1306 weihte der Bischof von Utrecht an diesem Platz dann schon eine steinerne Kirche. Im Laufe der Jahrhunderte wurde die Oude Kerk immer weiter an- und umgebaut und ausgeschmückt – bis eines Tages in der Kirche Steine flogen. Gottesdienstbesucher, die mit dem sich ausbreitenden Protestantismus sympathisierten, unterstrichen damit im 16. Jahrhundert nachdrücklich ihre Forderung, die Messe nicht mehr in lateinischer, sondern in einer für alle verständlichen Sprache zu halten. Als dann beim antikatholischen Bildersturm 1566 die Wandmalereien überpinselt wurden, entging nur ein Bildnis den Eiferern. *Der letzte Engel Amsterdams* blickt bis heute milde auf die Besucher herab.

Generationen von Amsterdamern fanden in der Oude Kerk ihre letzte Ruhestätte. Die steinernen Grabplatten, die den Fußboden bilden, legen davon beredtes Zeugnis ab. Auch Saskia, die geliebte Ehefrau des berühmten Malers Rembrandt, wurde hier 1642 – knapp dreißigjährig – beerdigt. Nur acht Jahre zuvor hatte Rembrandt in der Sakristei der Oude Kerk überglücklich das Aufgebot bestellt und sich auch von den mahnenden Worten über dem Türsturz nicht beirren lassen: »Tis haest getrout dat lange rout« steht da zu lesen, was so viel heißt wie »Mit Hast gefreit, lang bereut«. Wer Lust auf weitere Lebensweisheiten hat, sollte sich das Chorgestühl genauer anschauen: Die Schnitzereien stellen verschiedene Sprichworte dar. Heute ist die Oude Kerk ein Kunstzentrum. Der Kirchturm ist Eigentum der Stadt Amsterdam; der Aufstieg kostet extra Eintritt.

**Oude Kerk** · Mo–Sa 10–18, So 13–17 Uhr, Turmaufstieg April–September Do–Sa 13–17 Uhr · Oudekerksplein 23 · 1012 GX Amsterdam · Tel. 020/625 82 84 · www.oudekerk.nl

Die Oude Kerk ist ein Ort der Ruhe mitten im Rotlichtbezirk.

# 11 Die Geheimnisse des Rotlichtviertels

*Die rote Neonschrift verspricht »Red Light Secrets«. Durch die geöffnete Tür fällt der Blick auf eine leicht bekleidete Dame, die aufreizend tanzt. Doch hinter den rötlich erleuchteten Fenstern am Oudezijds Achterburgwal verbirgt sich keine Peepshow, sondern das erste offizielle Prostitutionsmuseum der Niederlande.*

**Die laszive Tänzerin** ist nur eine täuschend echte 3D-Simulation. Die Prostitution aber blüht ganz real in De Wallen, dem weltbekannten Rotlichtviertel und das seit über 600 Jahren. Tausende von Touristen schlendern durch die schmalen Gassen – vorbei an den Schaufenstern, hinter denen Prostituierte auf Freier warten. Wie deren Welt hinter der Scheibe aussieht, bekommt in der Regel nur zu Gesicht, wer die Dienste einer Prostituierten in Anspruch nimmt. Das Anfang 2014 in den Räumen eines ehemaligen Bordells eröffnete Prostitutionsmuseum, das gemeinsam mit der Stadt Amsterdam und Vertretern der Prostituierten konzipiert wurde, soll das ändern.

**▶ Die Zwillingsschwestern Martine und Louise Fokkens berichten in ihrem Buch *Guckt ihr nur* über die Jahrzehnte, die sie im Rotlichtmilieu gearbeitet haben.**

Wer will, kann (vollständig bekleidet) selbst in einem rot erleuchteten Fenster Platz nehmen. Im »Konfrontationsraum« erlebt man diese Situation dann aus der Perspektive einer Prostituierten: Wieder sitzt man auf einem Barhocker, doch nun zeigt ein Videoschirm Hunderte von Passanten, die taxierende Blicke werfen, lachen oder gegen die Scheibe spucken. Hinter einem Perlenvorhang verbirgt sich der Arbeitsplatz einer Fensterprostituierten: Ein gefliestes Bett, darauf ein Teddybär. Rund 150 Euro Miete kostet so ein schmuddeliges Kämmerchen pro Tag – für sechs Stunden. Auch ein Bordellzimmer mit XXL-Bett und Eckwanne sowie eine düstere Sado-Maso-Kammer sind zu besichtigen. Selbst die wechselnden Moden im Milieu sind dokumentiert: So gingen die Damen um die Jahrhundertwende noch in gestärkter weißer Baumwollwäsche anschaffen …

**Red Light Secrets-Museum of Prostitution** · Tgl. 12–24 Uhr · Oudezijds Achterburgwal 60 H · 1012 DP Amsterdam · www.redlightsecrets.com

Wie es sich anfühlt, in einem Schaufenster zu posieren, kann man hier erfahren.

Die Adresse für den gepflegten Herrn: der Barber Shop in der Warmoesstraat.

12

# Männer unter sich

*Das offene Messer in der Hand, kommt Jimmy »the Tulip« langsam näher. Bunte Tattoos bedecken seine muskulösen Arme. Die Klinge blitzt auf und … Zum Glück befinden wir uns nicht in einem Mafiathriller, sondern im »Cut Throat Barber and Coffee« an der Warmoesstraat, einem klassischen Barbershop im Herzen Amsterdams.*

**Jimmy »die Tulpe«** heißt mit bürgerlichem Namen James William Reichwein und stammt aus Neuseeland. Im Sommer 2013 eröffneten er und sein langjähriger Fußballkumpel Tom Sadd im Herzen Amsterdams ihren Barbershop. Im *Cut Throat Barber and Coffee* suchen (und finden) die Kunden neben professioneller Bartpflege und einem akkuraten Haarschnitt einen Ort, an dem sie in ungezwungener, maskuliner Atmosphäre mit Gleichgesinnten unter sich sein können. Appetitliche Snacks und exzellenter Kaffee verkürzen die Wartezeit.

Ausgestattet mit alten Barbierstühlen und stilvollem Mobiliar verströmt der Salon den Charme der guten alten Zeit, aufgefrischt mit einer gehörigen Portion Coolness. In früheren Zeiten ging man als gepflegter Mann von Welt regelmäßig zum Barbier, um Haupt- und Barthaar in Fasson bringen zu lassen. Doch die Zeiten änderten sich und eine Weile sah es so aus, als hätte die Erfindung des Rasierapparats die klassische Nassrasur und auch das Handwerk des Barbiers zum Aussterben verurteilt. Seitdem längere Bärte wieder in Mode sind, erfreuen sich Spezialisten wie die Barbiere an der Warmoesstraat stetig wachsender Nachfrage. Und so lassen Jimmy und Tom mit großem Erfolg eine jahrhundertealte Tradition wieder aufleben. Apropos Tradition: Von 1934 bis 1996 residierte am Beursplein 5 ein Barbier, der den Börsenhändlern zu einem makellos gepflegten Äußeren verhalf. Seit Mai 2014 geben nun jeden Mittwoch Cut-Throat-Barbiere ein Gastspiel in dessen ehemaligem Salon.

► **Unkonventionell geht es im ArtHotel Winston (Warmoesstraat 113) zu. Das Motto lautet: Party hard, sleep easy – Erholungssuchende sind hier also falsch!**

**Cut Throat Barber and Coffee** · Mo–Do 11–20, Fr 11–19, Sa 10–18 Uhr (keine Termine) · Warmoesstraat 155 · 1012 JC Amsterdam · Tel. (mobil) +31 6 25 34 37 69 · www.facebook.com/CutThroatBarber

Das Nationaal Monument ist ein beliebter Treffpunkt.

# Mahnende Erinnerung: das Nationaal Monument

13

*Wie ein mahnender Zeigefinger sieht es aus: das Nationaal Monument, das zur Erinnerung an die Opfer der deutschen Besatzung errichtet wurde. Als das symbolträchtige Kunstwerk Mitte der 1990er-Jahre restauriert werden musste, zeigte sich, dass die Wunden des Krieges noch längst nicht verheilt sind.*

**Das 1956 von Königin Juliana enthüllte Nationaal Monument** spielt bei den Feierlichkeiten zum niederländischen Volkstrauertag stets eine zentrale Rolle. Jedes Jahr am 4. Mai legt der amtierende Monarch hier einen Kranz nieder. Das von Bildhauer John Raedecker und Architekt J. J. P. Oud entworfene Denkmal besteht aus einer 22 Meter hohen Säule, die ein zur Verteidigung erhobenes Schwert darstellen soll, im Volksmund aber rasch den Spitznamen »pijpie krijt« (Kreidestift) erhielt. Die Figuren symbolisieren die Leiden des Krieges (Männer in Ketten), den Widerstand (Männer mit Hunden) sowie Frieden und Neubeginn (Frau mit Kind, auffliegende Tauben). In die Mauer, die die Säule umgibt, sind zwölf Urnen mit Erde aus den (seinerzeit) elf niederländischen Provinzen und aus Indonesien eingelassen.

Am 9. Mai 1945 wurde auf dem Dam zum ersten Mal der Toten gedacht. Offiziell endete die Besatzung der Niederlande am 5. Mai 1945 mit der Unterzeichnung der Kapitulationsdokumente im kleinen Ort Wageningen. Das Trauma der deutschen Besatzung wirkte lange nach. Ein halbes Jahrhundert später ging eine Welle der Empörung durch das Land, als 1995 ausgerechnet eine deutsche Firma die internationale Ausschreibung für eine dringend nötige Restaurierung des Nationaal Monument gewann. Am Ende durften die deutschen Spezialisten dann doch die Skulpturen zum Schutz gegen eindringende Nässe mit Kunstharz versiegeln. Dem deutschen Botschafter aber blieb noch 2010 die Teilnahme an der zentralen Gedenkfeier am Dam verwehrt. Insofern war es eine denkwürdige Premiere und ein hoffnungsvolles Signal, dass Bundespräsident Joachim Gauck am 5. Mai 2012 als erster Deutscher die offizielle Rede zum Befreiungstag halten durfte – allerdings in Breda, nicht in Amsterdam.

**Nationaal Monument** · Dam · Amsterdam

14

# Shopping in der Oberpostdirektion

*Wo heute schicke Klamotten und edle Accessoires in den Auslagen locken, kauften die Amsterdamer einst ihre Briefmarken. Ein schwedischer Investor ließ das prachtvolle alte Hauptpostamt gleich hinter dem Königspalast Anfang der 1990er-Jahre zu einem eleganten Einkaufszentrum umbauen.*

**Es war ein Wettlauf gegen die Zeit**, damals im ausgehenden 19. Jahrhundert: Ob der Neubau der Oberpostdirektion wohl rechtzeitig fertig würde, bevor in der Nieuwe Kerk gleich gegenüber die feierliche Krönung von Königin Wilhelmina stattfand? Die Bauarbeiter taten ihr Bestes und das mit Erfolg: Zumindest von außen machte das Gebäude am Krönungstag, dem 15. September 1898, schon ordentlich etwas her. Für den Publikumsverkehr wurde es aber erst im darauffolgenden Jahr geöffnet. Zu Ehren der neuen Monarchin ziert eine lange Reihe von »Ws« den Fries unterhalb der Dachkante. Wegen der eigenartig geformten Turmspitzen tauften die Amsterdamer das Gebäude »Perenburg« (»Birnenburg«).

▶ **Die Toiletten im zweiten Stock wurden 2013 zum schönsten öffentlichen WC der Niederlande gekürt: Sie sind blitzblank und die Aussicht ist einfach grandios.**

Entworfen hatte den imposanten Bau kein Unbekannter: Rijksbouwmeester C. H. Peters galt als Spezialist für Postämter. In Amsterdam lieferte er jedoch sein Meisterwerk ab. Für den verwendeten Stilmix aus Neo-Gotik und Neo-Renaissance bürgerte sich später der Begriff »Postamtsgotik« ein. Heute wird der Bau zu den hundert wichtigsten Baudenkmälern mit besonderem kulturhistorischem Wert gerechnet. Fast ein Jahrhundert lang diente das prachtvolle Gebäude als Hauptpostamt, bevor es Ende der 1990er-Jahre für vergleichsweise bescheidene 7,5 Millionen Gulden den Besitzer wechselte. Die ehemalige Schalterhalle mit den umlaufenden Galerien und der großen Glaskuppel bildet seitdem das Herz eines eleganten Konsumtempels mit historischem Flair.

**Magna Plaza** · Mo 11–19, Di–Sa 10–19, Do 10 –21, So 12–19 Uhr (nicht am 26.4., 25.12., 1.1.) · Nieuwezijds Voorburgwal 182 · 1012 SJ Amsterdam · Tel. 020/570 35 70 · www.magnaplaza.nl

Von außen ein Palast, von innen Einkaufszentrum: das Magna Plaza.
Große Lichtkuppeln verleihen dem Gebäude großstädtisches Flair.

# 15 Die Königin des Zeedijk

*Bet van Beeren, die legendäre Wirtin des Café 't Mandje, war eine beeindruckende Erscheinung. Sie fluchte, rauchte, trank und donnerte auf ihrem Motorrad durch die Straßen. Vor allem aber war sie tolerant: Ihr Café am Zeedijk war eines der ersten Lokale, in denen homosexuelle Pärchen sich unbehelligt treffen konnten.*

**So wie ihr Leben führte sie auch ihre Kneipe**: dickköpfig, eigensinnig und ohne sich um Konventionen zu scheren. Als ältestes Mädchen einer zwölfköpfigen Kinderschar 1902 im Jordaan geboren, übernahm sie 1927 von ihrem Onkel das Lokal am Zeedijk. Die resolute junge Frau konnte sich in diesem verrufenen Viertel zwischen Zuhältern, Huren und Matrosen bestens behaupten. Immer wieder schnitt sie Männern die Schlipse ab, um die Trophäen dann stolz an die Deckenbalken ihres Lokals zu nageln. Mit unzähligen Fotos, Zeitungsausschnitten und Souvenirs machte sie aus dem Café ein eigenwilliges Gesamtkunstwerk. Vierzig Jahre lang stand Bet van Beeren tagein, tagaus hinter dem Tresen, versteckte während der deutschen Besatzungszeit Waffen für den Widerstand auf dem Dachboden und untergetauchte Juden im Keller. Und schon in den 1950er-Jahren durften sich in Tante Bets Lokal homosexuelle Pärchen ganz ohne Heimlichtuerei treffen, solange sie sich »manierlich« betrugen – das gab es sonst nirgendwo.

Als die legendäre Wirtin 1967 starb, wurde sie zwei Tage lang auf dem Billardtisch im Café 't Mandje aufgebahrt. Hunderte nahmen an ihrer Beerdigung teil. Bets Schwester Greet führte das Café fort, bevor sie vor der zunehmenden Drogenkriminalität im Viertel kapitulierte. 1982 wurde das Lokal geschlossen und lag 26 Jahre unverändert im Dornröschenschlaf, bis Tante Bets Nichte Diana van Laar es nach umfassender Restaurierung originalgetreu wiederhergestellt wieder eröffnete. Auch das Amsterdam Museum hält die Erinnerung an Tante Bet wach: Ein Teil des Café-Interieurs wurde dort als historisches Zeitzeugnis rekonstruiert.

**Café 't Mandje** · Di 20–1, Mi, Do 16–1, Fr, Sa 14–3, So 14–1 Uhr, Mo geschlossen · Zeedijk 63 · 1012 AS Amsterdam · Tel. 020/622 53 75 · www.cafetmandje.nl

Das Café 't Mandje: ein farbenfrohes Gesamtkunstwerk und ein Ort der Toleranz.

Die Akteure des Amsterdams Marionetten Theater verzaubern Groß und Klein.

# Holzköpfe und große Oper

16

*Auf den Kasperl wartet man hier vergebens: Auf dem Spielplan des Amsterdams Marionetten Theater stehen Opern, etwa Mozarts »Zauberflöte«. Geführt an kaum sichtbaren Drähten ziehen die hölzernen Akteure die Zuschauer in ihren Bann und lassen die Grenzen zwischen Fantasie und Wirklichkeit verschwimmen.*

**Was Jeannot kann**, schafft längst nicht jede Marionette: einen Salto schlagen. Anders als seine »Kollegen«, die nur elf Drähte haben, verfügt er über stolze 16 – das macht den jungen Luftikus ganz besonders beweglich. Der gelenkige Jeannot gehört zum Ensemble des Amsterdams Marionetten Theater, das seit 1985 im Gebäude einer ehemaligen Schmiede unweit des Nieuwmarkt beheimatet ist. In dem kleinen Theater finden nur knapp achtzig Zuschauer Platz – kein Wunder, dass die rund 60 Vorstellungen pro Jahr immer schnell ausverkauft sind. Obwohl klassisches Musiktheater geboten wird, sind die zauberhaften Aufführungen auch für Kinder ab etwa sieben Jahren geeignet, vor allem, wenn man ihnen zuvor die Handlung erklärt. Auch die Sprache ist – wie in der klassischen Oper – kein Problem. Sobald sich der rote Samtvorhang öffnet, wird es mucksmäuschenstill im Saale. Kunstvoll geschnitzte Marionetten in prachtvoller Kleidung betreten die Bühne und je länger man den hölzernen Akteuren zuschaut, desto mehr vergisst man, dass sie eigentlich gar nicht lebendig sind. Selbst manche Requisiten werden an Drähten geführt – so kann etwa der kleine Junge im Park »ganz echt« mit seinem Ball spielen. Bühnenbild und Beleuchtung schaffen eine magische Atmosphäre. Die Musikuntermalung für die poetischen Aufführungen wird von professionellen Musikern eigens für die Aufführungen eingespielt und -gesungen.

Der künstlerische Leiter des Amsterdams Marionetten Theater, Hendrik Bonneur, ging als Jugendlicher im Salzburger Marionettentheater in die Lehre. Als Erwachsener arbeitete er zunächst als klinischer Psychologe, bis er schließlich zu seiner Jugendliebe, dem Puppenspiel, zurückkehrte.

**Amsterdams Marionetten Theater (AMT)** · Nieuwe Jonkerstraat 8 · 1011 CM Amsterdam · Tel. 020/620 80 27 · www.marionettentheater.nl

17

# Cityblick mit Wellenschlag

*Die »Rose« ist eines der ältesten Hausboote Amsterdams. Die »Music« und die »Sunset« schaukeln gleich nebenan. In bester Citylage, nämlich im Oosterdok, zwischen dem Hauptbahnhof und dem Museum Nemo, finden abenteuerlustige Reisende ein Deck, pardon, ein Dach über dem Kopf – Panoramablick inbegriffen.*

**Es war einmal ein Dokumentarfilmer**, der eines schönen Tages ein altes Binnenschiff kaufte, um es zu einem Hausboot umzubauen. Nach dem ersten kalten Winter an Bord nahm der Filmemacher noch ein paar kleine Änderungen vor: Er baute eine Heizung ein und dämmte das Schiff. Und wenn er nicht gerade Filme drehte, lebte er glücklich und zufrieden auf seinem Schiff. Irgendwann kaufte er noch eins. Und dann noch eins. Und noch ein weiteres. Seitdem schaukelt eine kleine Flotte von liebevoll ausgebauten Hausbooten an der Prins Hendrikkade. Und weil der Filmemacher und seine Partnerin so viel Platz nun wirklich nicht brauchen, wohnen sie nur auf einem davon und vermieten die anderen.

Jedes Boot ist anders – manche mietet man komplett, andere sind in zwei Wohnungen unterteilt. Das Angebot reicht vom romantischen Zwei-Personen-Apartment bis zum geräumigen Familienschiff. Die besonders luxuriös ausgestattete Wohnung auf der »Rose« war früher ein Büro. Im anderen Teil des Schiffs lebte der Büroinhaber fast fünfzig Jahre lang mit seiner Frau – bis er sich mit siebzig Jahren in eine andere verliebte und von Bord ging ... Nur einen kurzen Fußweg vom Stadtzentrum entfernt sind die schwimmenden Behausungen ein idealer Ausgangspunkt für ausgedehnte Streifzüge. Abends erholen Sie sich mit einem Sundowner an Deck von den Strapazen des Tages, bevor das sanfte Schaukeln der Wellen Sie in den Schlaf wiegt. Und sollte noch etwas zu Ihrem Glück fehlen: Auf Wunsch organisieren die reizenden Gastgeber Erik und Nina einen Babysitter, stellen Champagner und rote Rosen bereit oder reservieren einen Tisch in diesem tollen kleinen Restaurant ...

**Boat for Rent Amsterdam** · Oosterdok (nahe Kunstzentrum de Appel, Prins Hendrikkade 142) · 1011 AT Amsterdam · Buchung ausschließlich online unter www.boatforrentamsterdam.nl

Wohnen auf dem Wasser: Rund 2500 Hausboote gibt es in Amsterdam.

# 18 Vier Küchen und der halbe Himmel

*Wer zum ersten Mal nach Amsterdam kommt, mag sich verwundert die Augen reiben, wenn er unweit des Hauptbahnhofs plötzlich einen Palast mit grünen Pagodendächern erblickt. Auf dem Wasser des Oosterdok, vor der modernen Kulisse des neu bebauten Oosterdokseiland, schaukelt das chinesische Restaurant Sea Palace.*

**Rote Lampions baumeln von der Decke**, in einem Bassin ziehen Goldfische gemächlich ihre Runden – doch in den vier Küchen des Sea Palace herrscht emsige Betriebsamkeit. Jeder Handgriff sitzt, rasend schnell entstehen immer neue Köstlichkeiten. Bis zu 700 Essensgäste finden auf den drei Etagen des Sea Palace Platz. Das Jumbo Kingdom in Hongkong, das als Vorbild diente, fasst mehr als 2000; in Amsterdam aber behauptet das Sea Palace seit seiner Eröffnung 1984 seinen Platz als größtes Restaurant der Stadt. Kaji But, dessen Vater und Onkel das laut Webseite erste schwimmende Restaurant Europas gründeten, hat das beliebte Lokal behutsam modernisiert; der Schwerpunkt liegt heute auf der kantonesischen Küche. Doch auch Spezialitäten wie Pekingente fehlen auf der umfangreichen Speisekarte nicht.

▶ **Vom obersten Stockwerk der brandneuen Stadtbücherei (Oosterdokskade 143) hat man einen wundervollen Panoramablick. Auch die Bibliothek selbst ist absolut sehenswert.**

Auch bei der chinesischen Gemeinde Amsterdams ist das Sea Palace sehr beliebt: Häufig werden hier Hochzeitsfeiern ausgerichtet, bei denen viele der gereichten Speisen eine bestimmte, Glück verheißende Bedeutung haben. Auch der »halbe Himmel« darf dann nicht fehlen – über dem offenen Feuer gegartes Spanferkel, von dem an jedem Tisch der Hochzeitsgesellschaft je eine Hälfte aufgetischt wird. Hoch im Kurs steht zur Lunchzeit das klassische Dim Sum: Dabei werden üblicherweise alle bestellten Leckereien zur gleichen Zeit serviert und untereinander geteilt. Entstanden ist diese Tradition in den Gasthäusern entlang der Seidenstraße, die Reisenden neben Tee auch eine Vielzahl kleiner Gerichte anboten.

**Sea Palace** · Tgl. 12–23 Uhr, Dim-Sum-Lunch bis 16 Uhr · Oosterdokskade 8 · 1011 AE Amsterdam · Tel. 020/626 47 77 · www.seapalace.nl

Vor allem von den oberen Decks hat man einen herrlichen Blick auf die Altstadt.

Die Galionsfigur am Bug sollte Schiff und Mannschaft vor Unglück bewahren.

# Alle Mann an Bord!

19

*Filigrane Linien durchziehen die riesige gläserne Kuppel, die über den massiven Mauern des alten Seemagazins zu schweben scheint. Wo einst die Admiralität Kanonen, Taue und Vorräte für die Ausrüstung der Kriegsschiffe lagerte, lädt heute das Schifffahrtsmuseum zu einer interaktiven Zeitreise in die maritime Vergangenheit ein.*

**Das Liniengewirr der Kuppel**, die seit einer aufwendigen Restaurierung des Museums den riesigen Innenhof überwölbt, erinnert an die Linien auf den Karten, die den furchtlosen Seefahrern einst den Weg in fremde Welten wiesen. So wie sie muss sich auch der Besucher entscheiden, welchen Kurs er einschlägt: Nach Osten, wo eine ganze Armada von Schiffsmodellen zeigt, mit welch zerbrechlichen Gefährten die Seeleute im Goldenen Zeitalter den Elementen trotzten? Oder nach Westen, wo man über die Zunge ins Innere eines Walfischs spaziert, bis man vor seinem großen, klopfenden Herzen steht und durch das angstvoll aufgerissene Auge die Harpune des Walfängers sieht? Nach Norden, wo man einen Frachtcontainer betritt und aus der Perspektive eines Weinkartons den Weg der weltweiten Warenströme bis ins heimische Supermarktregal hautnah miterlebt? Oder lieber doch gleich hinaus auf den museumseigenen Bootssteg? Hier kann man den Nachbau eines Ostindienseglers erkunden, dessen glückloses Vorbild Mitte des 18. Jahrhunderts auf der Jungfernfahrt sank.

Das interaktive Museum zeichnet auf lebendige Weise ein Bild vom Alltag einer Seefahrernation, die Jahrhunderte lang am, mit und vom Wasser lebte. Mal fängt ein Gemälde plötzlich an zu sprechen, mal steht der Besucher unversehens in einer dunklen Unterwasserwelt, umgeben von fluoreszierenden Quallen, mal laden gemütliche Sessel dazu ein, in alten Fotoalben zu blättern. Selbst der Gang zu den Toiletten im Keller hat Entdeckerqualitäten: In den riesigen unterirdischen Gewölben wurde in früheren Zeiten das Regenwasser gesammelt, um die Schiffe mit Trinkwasser zu versorgen. Der Innenhof ist auch ohne Eintrittskarte zugänglich.

**Het Scheepvaartmuseum** · Tgl. 9–17 Uhr · Kattenburgerplein 1 · 1018 KK Amsterdam · Tel. 020/523 22 22 · www.hetscheepvaartmuseum.nl

# 20 Einmal durch die Grachten gondeln …

*Elegant gleitet die schlanke, schwarze Gondel durchs Wasser. Am Heck steht eine zierliche Frau in einem feuerroten Kleid, die das ungewöhnliche Gefährt geschickt durch die Amsterdamer Grachten manövriert. Eine Sache möchte die Gondoliera übrigens gleich mal klarstellen: Gondoliere singen nicht.*

**Heiratsanträge mag Tirza Mol besonders gern**. Wenn sie so nachrechnet, müssen es über die Jahre wohl zwischen zwanzig und dreißig gewesen sein. Die Frage »Willst Du mich heiraten?« galt dabei allerdings nicht jedes Mal ihr. Immer wieder mieten verliebte junge Männer die einzige Gondel Amsterdams, um ihrer Angebeteten die Frage aller Fragen zu stellen. »Ich habe dann jedes Mal einen Kloß im Hals«, sagt Tirza Mol. »Von da, wo ich stehe, sehe ich die Gesichter der Männer. Dieser Gesichtsausdruck in dem Moment zwischen Frage und Antwort, diese Mischung aus Zweifel, Hoffnung, Freude und Nervosität – das ist einfach unbeschreiblich.« Bislang haben übrigens alle Bräute Ja gesagt.

**▶ Seit mehr als 35 Jahren ist das italienische Restaurant Casa di David eine Institution in der Gastronomieszene Amsterdams. Übrigens: Manchmal tritt hier spontan ein Opertenor auf (www.casadidavid.com).**

Das über zehn Meter lange asymmetrische Schiff hat Amsterdams einzige Gondoliera eigenhändig gebaut, als Abschlussarbeit. Mehrere Monate schauten sie und eine Kommilitonin dafür den Bootsbauern in der Gondelwerkstatt der Familie Tramontin in Venedig über die Schulter. Zurück in Amsterdam, bauten sie innerhalb von fünf Monaten ihre eigene Gondel. Doch um das gute Stück auch rudern zu können, musste Tirza Mol einen Gondoliere überzeugen, sie in diese schwierige Kunst einzuweihen. Als auch alle Genehmigungen für den Personentransport in Amsterdam vorlagen, konnte sie endlich losgondeln. Das tut sie bis heute leidenschaftlich gern – neben ihrem Restauratorenstudium und ihrem Hauptberuf als Möbeltischlerin. Am liebsten trägt sie dabei ihr rotes Kleid – wenn es nicht zu kalt ist im Venedig des Nordens.

**Batello Foundation** · Termine nach Vereinbarung · Abfahrt z. B. ab Herenmarkt (wird individuell verabredet) · Tel. 020/686 98 68 · www.gondel.nl

Perfekt für Heiratsanträge: Tirza Mols Gondel

Laut offizieller Zählung gibt es in Amsterdam 654 historische Giebelsteine.

# (Klein-)Kunst am Bau: der Giebelstein des Stuhlmachers

21

*Der Begriff »Servicewüste« mag eine Erfindung der Neuzeit sein; die Geisteshaltung, die dahintersteckt, gibt es offenbar schon länger – auf diese Idee könnte man jedenfalls kommen, wenn man den Giebelstein des Hauses an der Brouwersgracht 52 betrachtet. Oder war der Hauseigentümer einfach nur philosophisch veranlagt?*

**Der Stuhlmacher Andries Tenck** ließ das kleine Steinrelief im Jahre 1759 an der Fassade des Hauses anbringen, in dem er seine Werkstatt betrieb. Man könnte es für eine Art historischer Reklametafel halten: Hier gibt es Sitzmöbel aller Arten – traditionelle wie den schlichten hölzernen Armlehnstuhl und moderne wie den vergoldeten Polstersessel. Aber da ist noch diese Inschrift: »Nooyt volmaakt« steht dort, und das heißt so viel wie: »Nichts ist vollkommen«. Was nur wollte Meister Tenck seinen Kunden damit sagen? Wollte er sich vorsorglich gegen etwaige Reklamationen absichern? Oder philosophierte er über die Sinnlosigkeit des menschlichen Strebens nach Vollkommenheit? Wir werden es nie erfahren …

Bevor Napoleon im Zuge der französischen Besatzung Hausnummern einführte, waren Giebelsteine in Amsterdam an der Tagesordnung. Die kleinen Kunstwerke dienten dazu, eine bestimmte Adresse angeben oder finden zu können. Manche Giebelsteine sind eher schlicht, andere detailliert ausgeführte Kunstwerke, einige spielen auf das Gewerbe oder den Namen des Hausbesitzers an. Viele sind bis heute erhalten geblieben, und seit einiger Zeit sind Giebelsteine wieder en vogue und es kommen sogar neue hinzu. Freunde der kleinen Kunstwerke erstellten ein internationales Online-Inventar von Giebelsteinen (www.gevelstenen.net), das auch entlang der Brouwersgracht diverse Einträge aufweist: einen roten Löwen (Nr. 33), eine Schubkarre (Nr. 53), eine Weinkellerei (Nr. 76), eine Krone (Nr. 77), einen Lotsen (Nr. 95), einen Sack (Nr. 97), ein Segel (Nr. 101), ein Nilpferd in der Gracht (Nr. 133), einen Korn abmessenden Mann (Nr. 163), ein Fass (Nr. 175), einen geflügelten Löwen (Nr. 220) oder eine blaue Burg (Nr. 224).

**Giebelstein »Nooyt volmaakt«** · Brouwersgracht 52 · 1013 GX Amsterdam · Weitere schöne Exemplare unter www.amsterdamsegevelstenen.nl

Besonders viele Hofjes gibt es im Jordaan, wo die Grundstücke billiger waren.

# Rettung aus höchster Not

22

*Fast wäre es aus gewesen mit Arnaud van Brienen. Doch in letzter Minute war der reiche Kaufmann und Bankier dem Tod doch noch von der Schippe gesprungen. Froh, mit dem Leben davongekommen zu sein, erfüllte er getreulich das Gelübde, das er in der Stunde der Not abgelegt hatte. Und dabei ließ er sich nicht lumpen.*

**Es war eines dieser Missgeschicke**, die tagein, tagaus passieren: Die Tür war hinter Arnaud van Brienen zugefallen. Unglücklicherweise war es die Tür des Tresorraums im Keller seines Hauses an der Herengracht und van Brienen saß in der Falle. Irgendwann wurde die Luft knapp, und van Brienen gelobte: »Wenn ich hier noch mal lebendig rauskomme, werde ich mich dankbar erweisen!« Wenig später wurde er tatsächlich befreit. Van Brienen hielt sein Wort: Auf einem Grundstück an der Prinsengracht ließ er ein Hofje mit 26 Wohnungen errichten. Aufgrund der französischen Besatzung verzögerte sich der Baubeginn um mehrere Jahre. Die Grundsteinlegung 1804 erlebte van Brienen noch, die Fertigstellung nicht mehr.

Solche Hofjes, von denen es in Amsterdam eine ganze Reihe gibt, wurden in der Regel von vermögenden Wohltätern gestiftet und bestanden aus einer Anzahl kleiner Wohnungen, die um einen abgeschlossenen Innenhof herum gruppiert waren. Diese Unterkünfte boten bedürftigen, meist alten Menschen ein kostenloses Dach über dem Kopf. Voraussetzungen für die Aufnahme waren ein untadeliger Lebenswandel und die Einhaltung der strengen Regeln, die die Stifterfamilie vorgab. Das van Brienenhofje bildete da keine Ausnahme: Bis 1956 mussten die Bewohner abends spätestens um halb elf zu Hause sein. Dann wurde das Tor zur Straße abgeschlossen. Eigene Schlüssel für dieses Tor bekamen sie erst 1976. Seit 1986 zahlen die Bewohner Miete, und erst seit 1997 dürfen auch Unter-50-Jährige einziehen.

▶ **Nur einen Spaziergang entfernt liegt die ehemalige Geheimkirche De Rode Hoed (Keizersgracht 102), einst eine Hutfabrik, heute ein Kulturzentrum (www.rodehoed.nl).**

**Van Brienenhofje** · Rücksichtsvolles Betreten gestattet Mo–Fr 6–18, Sa 6–14 Uhr, Eingang rechts des Hauses Nr. 133 · Prinsengracht 85–133 · 1015 DN Amsterdam

# 23 Wer streckt denn da die Zunge raus?

*Einer nach dem anderen sind sie aus dem Straßenbild von Amsterdam verschwunden, doch früher streckten knorrige Typen wie der pausbackige Turbanträger aus der Herenstraat den Passanten an vielen Stellen der Stadt die Zunge heraus. Das war aber keinesfalls böse, sondern im Gegenteil höchst hilfreich gemeint.*

**Überall dort, wo ein solcher »Gaper«** an der Fassade prangte, konnte man Medizin kaufen: Der Gaffer war seit dem 17. Jahrhundert das Aushängeschild der Apotheken und Drogerien. Den Ärzten jener Zeit standen bei der Behandlung der Kranken vor allem Arzneien zur Verfügung, die aus Heilkräutern hergestellt wurden. Um die Arzneimittelversorgung der wachsenden Stadt sicherzustellen, ließ die Stadtregierung 1638 den Hortus Botanicus, den Botanischen Garten, anlegen. Mit der Gründung der Vereinigten Ostindien-Kompanie 1602, die sich innerhalb kurzer Zeit zu einem weltumspannenden Handelsunternehmen entwickelte, war für die Stadt eine neue Ära angebrochen: Amsterdam wurde zum Zentrum des Kolonialhandels und zum wichtigsten Umschlagplatz für Gewürze aus dem asiatischen und afrikanischen Raum. Viele davon wurden für die Herstellung von Arzneien, Heil- oder Stärkungsmitteln verwendet. Anfänglich stellten die Gaper zumeist dunkelhäutige, fremdländisch aussehende Menschen dar – ein Hinweis auf die exotische Herkunft der angebotenen Waren. Später kamen auch Figuren mit europäischen Gesichtszügen, in Uniform oder im Narrengewand hinzu.

Alle aber sperren den Mund weit auf. Warum tun sie das? Darüber gibt es die unterschiedlichsten Theorien: Spielt diese Geste auf die ärztliche Untersuchung an – sagen sie gerade brav »Aaaaah«? Manche balancieren eine Pille auf der Zunge – ziehen sie eine Grimasse, weil die Medizin bitter schmeckt? Verspotten sie Passanten, die vorübergehen, ohne etwas zu kaufen? Der pausbackige Turbanträger in der Herenstraat, der hier seit 1937 eine Drogerie anzeigt, verrät es nicht. Er streckt uns einfach die Zunge raus.

**Drogisterij Het Heertje** · Mo–Fr 10–18, Sa 10–17 Uhr · Herenstraat 7 · 1015 BX Amsterdam · Tel. 020/421 78 03 · www.hetheertje.nl

Die kuriosen Giebelfiguren sind weitgehend aus dem Stadtbild verschwunden.

# 24 Die kürzeste Gracht der Stadt

**Offiziellen Angaben zufolge** hat Amsterdam insgesamt 165 Grachten mit einer Gesamtlänge von mehr als hundert Kilometern. Die kürzeste davon, der Blauwburgwal, erlangte traurige Bekanntheit. Amsterdam erlitt im Zweiten Weltkrieg nur relativ wenige Kriegsschäden – ganz im Gegensatz zu Rotterdam, dessen Altstadt durch das großflächige Bombardement der deutschen Truppen komplett zerstört wurde. Doch am Vormittag des 11. Mai 1940, nur einen Tag nach dem deutschen Angriff auf die Niederlande, entledigte sich ein angeschossenes deutsches Kampfflugzeug über der Grachtenmetropole seiner Bombenlast. Eine Bombe schlug am Blauwburgwal ein. 14 Häuser wurden zerstört, 44 Menschen verloren ihr Leben, Dutzende wurden verletzt. Wenige Tage später, am 15. Mai 1940, marschierten die Deutschen in Amsterdam ein.

Der **Blauwburgwal** verbindet am nördlichen Grachtengürtel die Herengracht mit dem Singel.

Ein Idyll mit Geschichte: Hier schlug im Mai 1940 eine Weltkriegsbombe ein.

25

# Hinter Gittern

**Die Torensluis ist die älteste und breiteste** der rund 1400 Brücken von Amsterdam. Auf der historischen Bogenbrücke, die den mittelalterlichen Festungsgraben überspannt, wurden früher Märkte abgehalten. Bei ihrem Bau 1648 verwendete man als Brückenkopf den Fuß eines alten Stadtturms, der hier schon rund 150 Jahre stand und 1829 abgerissen wurde. Der Unterbau des Turms ist noch heute als Umriss im Straßenpflaster erkennbar. Die Gewölbe im Fundament dienten lange als Verliese. Als das bekannte Wachsfigurenkabinett Madame Tussauds Mitte der 1970er-Jahre die Nachbildung eines Gefangenen hinter dem südlichen Kerkerfenster platzierte, soll so manchem Touristen auf den Rundfahrtbooten ein tüchtiger Schreck in die Glieder gefahren sein … Heute sitzt man nicht mehr unter, sondern auf der Brücke: Zwei Cafés locken mit sonnigen Terrassen.

**Torensluis** · Singel · Das Denkmal auf der Brücke stellt den kolonialkritischen Dichter Multatuli dar.

Kerker mit Aussicht: Die Brückengewölbe dienten früher als Gefängnis.

# 26 Im Bann der tollen Knollen

*Sie hat Familien entzweit und Menschen in den Ruin getrieben. Ihre Schönheit wurde in Liedern besungen. Sie stand Rembrandt Modell und verkam zum völlig überteuerten Spekulationsobjekt. Man begegnet ihr im ganzen Land auf Schritt und Tritt und in Amsterdam ist ihr sogar ein eigenes kleines Museum gewidmet: die Tulpe.*

**Die Tulpe hat eine steile Karriere hingelegt** – die urwüchsige Wildblume aus dem Himalaya mauserte sich zu einem heißbegehrten Luxusgut, dem erst ottomanische Sultane und später auch die nüchternen Amsterdamer Kaufleute verfielen. Wie ihr das gelang, zeichnet das kleine Amsterdam Tulip Museum auf rund 200 Quadratmetern Fläche nach.

Zu Beginn des Goldenen Zeitalters waren die ersten Tulpen über Österreich nach Amsterdam gelangt und hatten dort rasch Furore gemacht. Die Blume, in deren Namen das niederländische Wort für Turban (»Tulbend«) noch mitklingt, traf auf eine durch den Überseehandel reich gewordene Gesellschaft, deren calvinistische Gesinnung es ihr verbot, allzu offen mit ihrem Reichtum zu prahlen. Nun aber konnte man mit ein paar strategisch platzierten, sündhaft teuren Blumen auf dem Tisch oder im Garten dezent, aber deutlich zeigen, was man hatte. Die Nachfrage nach den tollen Knollen stieg rasant. Bald wurden nicht mehr nur die Blumenzwiebeln selbst, sondern Optionsscheine auf die Ernte des nächsten Jahres gehandelt. Immer mehr Menschen spekulierten mit Tulpen, nicht wenige von ihnen auf Kredit. Für besonders seltene Exemplare konnte man den Gegenwert eines Grachtenhauses erzielen. 1637 platzte die »Tulpenblase«, und viele Spekulanten waren ruiniert. Heute können sich Hobbygärtner im Museumsshop eindecken, ohne sich dafür bis über beide Ohren verschulden zu müssen …

**▶ Der Nationale Tulpentag läutet am dritten Samstag im Januar die Tulpensaison ein. Der Dam vor dem Königspalast verwandelt sich in ein Blumenmeer und dann darf gepflückt werden!**

**Amsterdam Tulip Museum** · Tgl. 10–18 Uhr (außer 26.4. und 25.12.) · Prinsengracht 116 · 1015 EA Amsterdam · Tel. 020/421 00 95 · www.amsterdamtulipmuseum.com

Im Museumsladen schlagen Gärtnerherzen höher.
In phantasievollen Vasenkreationen kommen die Tulpen gut zur Geltung.

# 27 Süßer die Glocken nie klingen …

*Wenn Boudewijn Zwart zur Arbeit geht, ist voller Körpereinsatz gefragt. Erst einmal muss er endlose Treppen erklimmen. Oben angekommen, fängt er an, seine Arbeitsgeräte mit Fausthieben zu traktieren, obwohl es sich dabei um echte Antiquitäten handelt. Hand aufs Herz: Wissen Sie, was ein Beiaardier beruflich macht?*

**Boudewijn Zwart und sein Kollege Gideon Bodden** sind Musiker, gefragte Spezialisten sogar: Sie beherrschen die jahrhundertealte Kunst des Carillonspiels. Carillons sind Turmglockenspiele mit einer Vielzahl von Glocken, die über ein Manual bespielt werden. Über Zugdrähte werden Klöppel oder außen angebrachte Hämmer betätigt, die die Glocken zum Klingen bringen. Das erfordert einige Kraft, sodass der Beiaardier die aus Stöcken bestehende Klaviatur mit seinen Fäusten betätigt. Als Meisterwerke gelten die Carillons der aus Frankreich stammenden Glockengießerbrüder François und Pierre Hémony, die sich Mitte des 17. Jahrhunderts in Amsterdam niederließen. Fünf der Turmglockenspiele, die sie für ihre Wahlheimat anfertigten, sind teilweise bis heute erhalten geblieben: im Königlichen Palast, im Munttoren und in der Oude Kerk, der Wester- und der Zuiderkerk.

**▶ Lauschen Sie dem Carillonkonzert doch einfach vom Wasser aus! Unweit der Westerkerk kann man Tretboote mieten und über die Grachten schippern (www.canal.nl).**

Damit sie funktionstüchtig bleiben, müssen die Carillons bespielt werden. Teils geschieht dies heute mechanisch; darüber hinaus geben die beiden von der Stadt beauftragten Beiaardiers regelmäßig Live-Konzerte, die beim Publikum sehr beliebt sind. Das Glockenspiel der Westerkerk erklingt automatisch jede Viertelstunde; jeden Dienstag um 12 Uhr spielt der Beiaardier höchstpersönlich. Regelmäßig bespielen Zwart und Bodden auch die Glocken des Munttoren (Sa 14 Uhr), der Oude Kerk (Di 15.30, Sa 16 Uhr) und der Zuiderkerk (Di 14.30, Sa 19 Uhr). Nur eins ist schade: Anders als bei gewöhnlichen Konzerten bekommen die Zuhörer die Künstler leider nie zu Gesicht.

**Carillon Westertoren** · Prinsengracht 281 · 1016 GW Amsterdam · Termine für Sonderkonzerte aller niederländischen Carillons unter www.beiaardconcert.nl

Den Turm der Westerkerk schmückt die Habsburger Kaiserkrone.

Laura Dols' Läden liegen im beliebten Einkaufsviertel Negen Straatjes.
Eine Verkleidekiste für Kinder sorgt dafür, dass Mütter in Ruhe stöbern können.

# Traumkleider mit Geschichte

*Vier Glücksbringer sollte eine Braut traditionell bei sich haben, wenn sie zum Altar schreitet: »Something old, something new, something borrowed, something blue«. In Amsterdam können sich clevere Bräute einfach ein neues, altes Brautkleid kaufen. Laura Dols, die Vintage-Queen der Grachtenstadt, hat Hunderte davon im Angebot.*

**Seit über dreißig Jahren stöbert Laura Dols** mit sicherem Gespür textile Schätze auf. Dabei legt sie großen Wert auf gekonnte Schnitte und eine gute Verarbeitung. In ihren beiden Läden an der Wolvenstraat drängen sich zahllose Kleidungsstücke aus den 1920er- bis 1980er-Jahren: Glamouröse Abendroben, Karnevalskostüme für Kinder und Kleider, Jacken und Blusen aus den 50er-Jahren. Kein Wunder, dass immer wieder Modedesigner, Filmausstatter und Trendscouts sich hier inspirieren lassen.

Im Laufe der Zeit hat Laura Dols zudem rund dreitausend Brautkleider aus aller Welt zusammengetragen, meldete die Tageszeitung *Het Parool* beeindruckt. Für diese ganz besonderen Kleidungsstücke eröffnete sie im September 2013 einen eigenen Showroom. Nach Absprache können angehende Bräute dort nach Herzenslust in der Hochzeitsmode vergangener Zeiten, vor allem der 1950er-Jahre, schwelgen. Schleier, Schuhe und Accessoires gibt es hier, vor allem aber Kleider, Kleider, Kleider: von kurz bis lang, von mädchenhaft bis mondän. Duftige Tüllwolken hängen neben fließendem Satin, mal ganz pur, mal verziert mit antiker Spitze und Stickereien. Wie bei Brautkleidern üblich, wurden die meisten der teils schlichten, teils aufwendigen Roben nur einen einzigen Tag lang getragen. Gewaschen, gestärkt und gebügelt, sind sie wie neu und oft bereits für etwa 250 Euro zu haben. Und damit auch wirklich nichts schiefgeht, bekommt jede Braut als Glücksbringer zu ihrem neuen, alten Kleid ein bisschen (blauen) Lavendel dazu.

▶ **Wer sich zum historischen Brautkleid ein analoges Hochzeitsfoto wünscht, findet vielleicht im Lomography Embassy Store (Herengracht 298) die passende Ausrüstung.**

**Laura Dols Vintage** · Mo–Sa 11–18, Do 11–19, So 12–18 Uhr · Wolvenstraat 6 und 7 · 1016 EM Amsterdam · Tel. 020/624 90 66 · Showroom Brautkleider: Terminanfrage via www.antieketrouwjurken.nl

# 29 Himmlische Aussichten

*Wer im Bibelmuseum am Grachtengürtel seinen Blick gen Himmel richtet, wird reich belohnt: Aufwendige Stuckverzierungen und prachtvolle Deckengemälde fesseln den Betrachter. Doch auch auf Augenhöhe wird einiges geboten: ein echter Sündenbock zum Beispiel und die älteste gedruckte Bibel der Niederlande.*

**Dem reichen Kaufmann Jacob Cromhout** mag Mitte des 17. Jahrhunderts der ein oder andere unchristliche Gedanke durch den Kopf gegangen sein, wenn er an seinen widerspenstigen Nachbarn dachte: Der weigerte sich nämlich beharrlich, sein Grundstück an der Herengracht zu verkaufen. Die Parzellen rechts und links davon gehörten Cromhout und der hätte gern das gesamte Areal bebaut. Erst als die Bauarbeiten längst begonnen hatten, lenkte der bockige Nachbar endlich ein und verkaufte. Der beauftragte Stararchitekt Philips Vingboons lieferte schließlich ein leidlich symmetrisches, auf jeden Fall aber repräsentatives Ensemble ab. Jacob Cromhout bezog Haus Nr. 366. Mit den prachtvollen Deckengemälden, die Jacob de Wit für den Großen Salon anfertigte, zog dann im Jahr 1718 ein ganzer Schwarm von Göttern ein: Jupiter, Neptun, Bacchus und andere tummeln sich in lichter Höhe.

Inzwischen dominiert hier das Christentum: Das Bibelmuseum, das heute in den Grachtenhäusern residiert, geht zurück auf eine umfangreiche Sammlung religiöser Objekte, die der Pfarrer Leendert Schouten im 19. Jahrhundert zusammentrug. Ein Prunkstück des Museums ist ein Modell des tragbaren Tempels, mit dem das Volk Israel der biblischen Überlieferung zufolge vierzig Jahre lang durch die Wüste zog. Ebenso lange arbeitete Schouten, gestützt auf Beschreibungen in Bibeltexten, an einer möglichst originalgetreuen Nachbildung: Für den Brandopferaltar besorgte sich der Pfarrer Steine aus Jerusalem, für das Zeltdach Ziegenhaar aus Syrien. Und neben dem Hohepriester wartet geduldig ein kleiner Ziegenbock darauf, mit den Sünden der Menschen beladen in die Wüste gejagt zu werden.

**Bijbels Museum** · Di–Sa 10–17, So 11–17 Uhr · Herengracht 366–368 · 1001 AK Amsterdam · Tel. 020/624 24 36 · www.bijbelsmuseum.nl

Hohe Kunst: die Deckengemälde von Jacob de Wit.
Mit viel Liebe zum Detail werden hier biblische Geschichten ins Bild gesetzt.

Wenn es friert, tauen die Amsterdamer auf: Schlittschuhlaufen ist ein Volkssport.

# 30 Der Kaiser von Amsterdam

*Wenn es längere Zeit so richtig kalt ist in Amsterdam, macht sich eine gewisse Unruhe breit: Ob's endlich mal wieder klappt? Frieren die Kanäle tatsächlich einmal zu, nutzen Tausende die Möglichkeit zu einer Grachtenrundfahrt auf Schlittschuhen. Das amtierende Kaiserpaar von Amsterdam aber muss dann um seinen Titel bangen …*

**Wenn es anhaltend friert** und sich eine dünne Eisschicht auf den Grachten bildet, tritt die »Amsterdamse Ijsnota« in Kraft. In diesem amtlichen Papier ist detailliert geregelt, nach wie vielen frostkalten Nächten welche Grachten für den Schiffsverkehr gesperrt und welche Pumpwerke abgestellt werden, damit die Eisbildung ungestört vonstatten gehen kann. Und dann heißt es warten. Wenn das Wetter weiter mitspielt, ist das Eis irgendwann dick genug. Und dann kann es endlich losgehen: Wie in einem mittelalterlichen Gemälde ziehen Schlittschuhläufer ihre Bahnen vor der malerischen Kulisse der Grachtenhäuser. Ältere Herrschaften gleiten gemächlich dahin. Eltern schieben ihre Kinder im Kinderwagen vor sich her. Verliebte Pärchen drehen händchenhaltend am Fuße des Westertoren ihre Runden.

Erreicht das Eis eine Dicke von 15 Zentimetern, laufen sich besonders ambitionierte Schlittschuhläufer schon mal warm für das legendäre Keizersrace. Dieses Eisschnelllaufrennen wird auf der zugefrorenen Keizersgracht, zwischen Leidsestraat und Nieuwe Spiegelstraat, ausgetragen. Erstmals 1991 von der Tageszeitung *De Telegraaf* ausgerichtet, konnte es seitdem nur noch 1996, 1997 und 2012 stattfinden. Tausende von Zuschauern am Grachtenrand feuern die Läufer an. Gestartet wird in vier Klassen: Mädchen beziehungsweise Jungen bis 14 Jahre, Damen und Herren. Je zwei Läufer treten gegeneinander an, nur der Schnellere kommt eine Runde weiter. Die Siegerin und der Sieger dürfen sich schließlich Kaiserin und Kaiser von Amsterdam nennen – bis es das nächste Mal lang genug friert und das Rennen um die Kaiserwürde von Neuem beginnt.

**Keizersrace** · Keizersgracht zwischen Leidsestraat und Nieuwe Spiegelstraat · Wenn das Rennen stattfindet, berichten die Zeitungen vorab darüber (zum Beispiel auf www.telegraaf.nl).

Seinem Motto »Kunst statt Entertainment« ist das Kino bis heute treu geblieben.

# Hundert Jahre Arthouse-Kino

31

*Seit über hundert Jahren behauptet sich ein kleines Filmtheater an der Prinsengracht. Während ringsum die Kinos kamen und gingen, machten die Betreiber des kleinen Lichtspielhauses unbeirrt weiter das, was sie für richtig hielten: gute Filme zeigen. De Uitkijk ist das älteste noch existierende Programmkino der Niederlande.*

**An der Amsterdamer Prinsengracht** wurde 1912 in einem umgebauten Lagerhaus ein Lichtspielhaus namens City Bioscoop eröffnet. Ende der 1920er-Jahre übernahm die niederländische Filmliga, ein Zusammenschluss von Filmenthusiasten, das Haus. Das in De Uitkijk umgetaufte Kino bediente fortan nicht mehr den Geschmack des breiten Publikums, sondern zeigte künstlerisch anspruchsvolle (Avantgarde-)Filme. Seinen Platz im Olymp der Arthouse-Kinos hatte sich das kleine, familiäre Lichtspielhaus spätestens im Mai 1959 gesichert, als zum 1000sten Mal die Verfilmung von Brechts *Dreigroschenoper* über die Leinwand flimmerte. Der Eintrittspreis für diese Vorstellung betrug drei Stuivers (was sinngemäß drei Groschen entsprach). Dem Konzept, Kunst anstelle reiner Unterhaltung zu zeigen, ist De Uitkijk treu geblieben. So stehen regelmäßig französische Klassiker auf dem Programm und jeden Sonntagabend wird ein Film aus den 1940er- oder 1950er-Jahren gezeigt.

Seit das Kino nach mehrmaligem Besitzerwechsel 2007 wiedereröffnet wurde, sorgen filmbegeisterte Studenten vor und hinter den Kulissen für einen reibungslosen Betrieb. Durch ein nostalgisches Entree gelangt man in den einzigen Kinosaal des kleinen Lichtspielhauses. Insgesamt 86 bequeme rote Kinosessel warten auf die Besucher; 24 davon befinden sich auf dem Balkon. Hier, auf den Logenrängen, kann man mithilfe altmodischer Klingelknöpfe auf den Tischen die Bedienung herbeirufen und Erfrischungen bestellen. Popcorneimer und riesige Softdrinkbecher werden hier nicht serviert. Stattdessen kann man ein Champagnerarrangement buchen – De Uitkijk hat schließlich Stil und das seit über hundert Jahren.

**Filmtheater De Uitkijk** · Prinsengracht 452 · 1017 KE Amsterdam · Tel. 020/223 24 16 · www.uitkijk.nl

Das Pfeifenmuseum ist in einem sehenswerten alten Grachtenhaus untergebracht.

# Wo die Köpfe rauchen

32

*Kann man in diesen aufgeklärten Zeiten des Rauchverbots und des Nikotinpflasters noch guten Gewissens den Besuch eines Pfeifenmuseums empfehlen? Ja, unbedingt. Denn die Kollektion, die ein privater Sammler über Jahrzehnte zusammengetragen hat, ist nicht mehr und nicht weniger als eine Kulturgeschichte des Rauchens.*

**Was haben Sherlock Holmes und Helmut Kohl**, Nick Knatterton und Norbert Blüm gemeinsam? Sie alle waren oder sind Pfeifenraucher. Zu allen Zeiten, in allen Gesellschaftsschichten haben Menschen (und Romanfiguren) geraucht. Auch Wilhelm Busch wusste um die Freuden des Tabakgenusses: Der vierte Streich von Max und Moritz richtet sich gegen den armen Lehrer Lämpel, dessen Pfeife die Spitzbuben mit Schießpulver präparieren. Nach einem anstrengenden Arbeitstag freut der Pädagoge sich auf seinen Feierabend: »Und voll Dankbarkeit sodann zündet er sein Pfeifchen an.« Was dann passiert, kann man sich denken. Derart fulminant geht es im Amsterdam Pipe Museum gottlob nicht zu. Doch spannend ist es allemal, unter der kundigen Führung der Kuratoren Don H. Duco und Benedict Goes auf Entdeckungsreise zu gehen.

Am Anfang stand ein Zufallsfund: Bei Renovierungsarbeiten kamen 1969 alte Pfeifen ans Tageslicht, die das Interesse von Don Duco weckten. Konzentrierte sich seine Sammelleidenschaft anfangs noch auf Tonpfeifen, umfasst die Kollektion mittlerweile gut 29 500 Pfeifen aus aller Welt und deckt einen Zeitraum von zweieinhalb Jahrtausenden ab. Etwa 2000 Pfeifen aus Ton, Porzellan, Meerschaum, Elfenbein, Glas und anderen Materialien sind im Museum zu bewundern. Es gibt lange, kurze, gerade und gebogene Pfeifen, seltene präkolumbianische Exemplare, Wasser- und Opiumpfeifen, Pfeifen in Tier- oder Menschengestalt. Jedes Stück ist sorgfältig katalogisiert, denn das Museum ist gleichzeitig ein Forschungszentrum. Mehr als 250 Publikationen hat Kurator Duco bereits verfasst. Man könnte sagen: Der Mann brennt für sein Thema.

**Amsterdam Pipe Museum** · Mi–Sa 12–18 Uhr · Prinsengracht 488 · 1017 KH Amsterdam · Tel. 020/421 17 79 · www.pijpenkabinet.nl

# 33 Auferstanden aus Ruinen

*An der Ecke Prinsen- und Vijzelgracht stehen historische Grachtenhäuser wie aus dem Bilderbuch: An der Fassade prangt ein Giebelstein, die mit Holz verkleidete Front des Café Myrabelle glänzt. Kein Wunder, dass das Ensemble unter Denkmalschutz steht. Erstaunlich ist allerdings, dass es eigentlich erst 1971 erbaut wurde.*

**Voller Stolz rühmt sich Amsterdam** heute damit, dass die Stadt 8863 Häuser aus dem 16., 17. und 18. Jahrhundert aufweisen kann. Kaum zu glauben, dass die Grachtenmetropole in den 1960er-Jahren auf dem besten Wege war, ihr historisches Erbe leichtfertig zu verspielen. Nach Kriegsende hatte man eilends Stadtentwicklungspläne aus der Schublade geholt, mit denen Amsterdam in eine zeitgemäße Metropole verwandelt werden sollte. Breite Straßen schwebten der Stadtverwaltung vor, neue Wohnviertel am Stadtrand und ein modernes Stadtzentrum mit Büros und Hotels. Wen kümmerte es schon, wenn dafür Grachten zugeschüttet und alte Häuser abgerissen werden sollten? Zum Glück formierte sich Widerstand: So taten sich 1956 unter dem Namen Stadsherstel lokale Investoren und geschichtsbewusste Intellektuelle zusammen, um den Niedergang des historischen Zentrums aufzuhalten. Ihre Methode war ebenso simpel wie erfolgreich: Verfallene historische Gebäude aufkaufen, behutsam instandsetzen, vermieten und mit den Mieteinnahmen die nächsten Häuser retten.

Strategisch geschickt nahmen die selbst ernannten »Stadt-Wiederhersteller« vor allem Häuser ins Visier, die schon auf der Warteliste für das Denkmalregister standen oder als Eckgebäude das Gesicht ganzer Straßenzüge prägten – so wie an der Ecke von Prinsen- und Vijzelgracht. Ende der 1960er-Jahre stand hier nur noch das Erdgeschoss eines 1694 errichteten Hauses, der Rest war wegen Baufälligkeit abgerissen worden. Anhand historischer Fotos rekonstruierte die Stiftung die Häuser Prinsengracht 466–468 und Vijzelgracht 1, 3 und 5 so, wie sie früher einmal waren – und so stehen sie jetzt auch unter Denkmalschutz.

**Eckensemble Vijzelgracht 1/3/5 – Café Myrabelle** · Mo–Do 12–1, Fr–Sa 12–3, So 12–23 Uhr · Vijzelgracht 1 · 1017 HM Amsterdam · Tel. 020/624 4109 · www.myrabelle.nl

Das Caffè Panini, Vijzelgracht 3–5, serviert exzellenten Cappuccino.

34

# Konditorenkunst zum Niederknien

*Der Mensch lebt nicht vom Brot allein, es darf auch gern mal Torte sein – vor allem, wenn es sich dabei um so köstliche Produkte wie die der Patisserie Holtkamp handelt. Dafür stehen die Kunden dann auch schon mal bereitwillig auf dem Gehweg Schlange, wenn das winzige Ladenlokal den Andrang nicht fassen kann.*

**Der Apfelkuchen ist ein Gedicht**. Unter Glas locken Baisers und Éclairs, winzige Petit fours und köstliche Törtchen. Auch Königin Beatrix' Lieblingstorte, die echte Sachertorte, gehört zum Repertoire. Manche der handgefertigten Pralinen tragen die Namen von lieben Menschen, die den Inhabern am Herzen liegen: Ellen (Aprikosenkonfitüre mit Walnuss-Mandel-Marzipan) zum Beispiel oder Anna (Marzipan mit Schoko-Kirsch-Füllung). Und das war erst die süße Abteilung! Die Patisserie Holtkamp hat auch Herzhaftes zu bieten. Legendär sind die Kroketten: Im Inneren feinstes Ragout, umhüllt von einer hauchdünnen Panade (aus selbst hergestelltem Paniermehl, versteht sich), frittiert in Erdnussöl … Wer die »kroket« bislang nur als schnellen Sattmacher vom Imbiss kannte, weiß nach dem ersten Biss in eine Holtkampsche »croquet«, was ihm bislang entgangen ist.

Die Patisserie Holtkamp beliefert unter anderem die Gastronomie im Rijksmuseum, in der Beurs van Berlage und im futuristischen Filmmuseum EYE mit ihren Produkten. Doch wer den Weg in die Vijzelgracht nicht scheut, wird zusätzlich zum Gaumen- auch noch mit einem Augenschmaus belohnt: Das nur 18 Quadratmeter große Ladenlokal wurde 1928 durch den Architekten Piet Kramer, einen der Protagonisten der Amsterdamer Schule, gestaltet. Als Cees und Petra Holtkamp die »banketbakkerij« 1969 übernahmen, ließen sie alles unverändert: von den Wandmalereien im Art-Déco-Stil über die Vitrinen aus hellem Eichenholz bis hin zum Speisenaufzug nebst Rohrpostverbindung zur im Keller gelegenen Backstube. Inzwischen führen Tochter Angela und Schwiegersohn Nico Meijles das Geschäft; unter ihrer Regie wurde das Lädchen 2004 sorgsam restauriert.

**Patisserie Holtkamp** · Mo–Fr 8.30–18, Sa 8.30–17 Uhr · Vijzelgracht 15 · 1017 HM Amsterdam · Tel. 020/624 87 57 · www.patisserieholtkamp.nl

Tipp für Sprachkundige: Auf ihrer Homepage verraten die Konditoren einige Rezepte.

Entspannen mit Stil: Das Spa residiert in einem denkmalgeschützten Grachtenhaus.

# Ganz relaxed im Hier und Jetzt

35

*Schnell mal eben relaxen – das klingt paradox, kann aber funktionieren. Das City Street Spa bietet von der Pediküre bis zur mehrstündigen Beauty-Behandlung eine ganze Palette von Treatments, die gestresste Großstädter und City-Touristen wirkungsvoll entspannen.*

**In der Mode- und Beautyszene** war Chantal Naughton keine Unbekannte, als sie 2011 ihr Boutique-Spa in Amsterdam eröffnete. Zuvor hatte sie unter anderem das britische Designerlabel Karen Millen in Europa vertreten und für die britische Spa-Kette Champneys gearbeitet. Doch nun sollte etwas Eigenes her – etwas, das sie selbst auf Geschäftsreisen oft vermisst hatte: »Ich möchte einen Ort schaffen, an dem man sich vollkommen entspannen kann. So, als ob man innerhalb von zwei Stunden zwei Wochen Ferien gemacht hätte und sich fühlt, als käme man gerade von der Côte d'Azur zurück«, sagte sie einmal in einem Interview. Entsprechend hat sie das Motto ihrer innerstädtischen Ruhezone gewählt: »Noch nie hat sich Nichtstun so gut angefühlt.«

Das kleine, intime Spa ist hell und ruhig. Weiß, grau und ein mattes Schilfgrün sind die vorherrschenden Farben. Die Einrichtung ist minimalistisch: Schlichte Regale aus hellem Holz, eine alte Werkbank mit deutlichen Gebrauchsspuren, ein paar Fledermaussessel. Ein echter Hingucker ist das kugelförmige, teilweise transparente zeltartige Gebilde im hinteren Teil des Spas. Die O2-Bubble sieht so aus, als habe Mr. Spock hier mal kurz sein Raumschiff geparkt. Tatsächlich aber atmet man in dieser spacigen Kapsel eine besonders reine, stark mit Sauerstoff angereicherte Luft. Das soll nicht nur die Durchblutung verbessern, sondern auch gegen Müdigkeit und Jet-Lag helfen. Für Gäste, die nicht vollständig abschalten können oder wollen, stehen iPads zur Verfügung. Und damit sich auch wirklich jeder wohl fühlt, bietet das City Street Spa Amsterdam maßgeschneiderte Treatments für Männer und für Schwangere an.

**The City Street Spa** · Tgl. 10–20 Uhr · Prinsengracht 764 · 1017 LM Amsterdam · Tel. 020/221 41 02 · www.thecitystreetspa.com

36

# Eine grüne Oase im Herzen der Stadt

*Der Garten des Museum Geelvinck Hinlopen Huis ist nicht nur eine Augenweide. Der größte Garten am Grachtengürtel bietet als »Gartenreservat« vielen Tieren Schutz und Nahrung – und verfügt sogar über ein Hotel für allein reisende Bienen. Museumsbesucher erhaschen hier einen Blick auf ein verborgenes Idyll.*

**Das privat geführte Museum Geelvinck Hinlopen Huis** versteht sich als inspirierende Plattform für städtische Lebenskultur. 1687 ließ Albert Geelvinck das barocke Stadtpalais für seine Braut Sara Hinlopen errichten. Zwischen dem Wohnhaus an der Herengracht und der Remise an der Keizersgracht erstreckt sich ein 750 Quadratmeter großes grünes Idyll, ein sogenannter Keurtuin. Beim Bau des Grachtengürtels erließ die Stadtverwaltung strenge Regeln für die Bebauung. So mussten innerhalb der Baublöcke Gärten angelegt werden. Für die galten ebenfalls präzise Vorschriften (»keuren«), insbesondere ein striktes Bauverbot. Amsterdam war damit seinerzeit die erste Stadt, die sich per Satzung eine grüne Lunge verordnete.

**▶ Am dritten Wochenende im Juni öffnen sich bei den Offenen Gartentagen die Türen zu etlichen Gärten, die normalerweise nicht zugänglich sind (www.opentuinendagen.nl).**

Der heutige Garten des Museums, ein zeitgenössischer Entwurf des Gartenarchitekten Robert Broekema, zitiert historische Gartenformen. Vom Wohnhaus aus sieht man einen französischen Barockgarten mit einem Springbrunnen. Vor dem Kutschhaus wurde ein symmetrischer Knotengarten angelegt; in solchen Gärten baute man Obst und Gemüse an. Dazwischen liegt ein englischer Landschaftsgarten. Ein Gärtner und ein Heer von Ehrenamtlern kümmern sich hingebungsvoll um das grüne Kleinod und seine fliegenden und krabbelnden Bewohner. Der Versuch, ein Bienenvolk im Garten des Museums anzusiedeln, schlug zwar leider fehl: Die Winterkälte und Parasiten machten den Tieren den Garaus. Nach dieser Pleite steht nun aber immerhin ein selbst gebautes Bienenhotel bereit.

**Museum Geelvinck Hinlopen Huis** · Mo, Mi–So 11–17 Uhr · Keizersgracht 633 · 1017 DS Amsterdam · Tel. 020/715 59 00 · www.geelvinck.nl

In den prachtvollen Räumen des Museums finden regelmäßig Konzerte statt.

Die Schätze des Stadtarchivs werden in wechselnden Ausstellungen gezeigt.

# Wo das Gedächtnis der Stadt schlummert

37

*Wer schreibt, der bleibt. Voraussetzung ist, dass das Geschriebene auch irgendwo bleiben kann. Der Brief, den der Rotterdamer Postmeister Jacob Quack am 19. November 1667 an die Bürgermeister der Stadt Amsterdam schrieb, landete im Stadtarchiv und sorgte Jahrhunderte später für eine philatelistische Sensation.*

**Am 13. Mai 2014 entschied der Europäische Gerichtshof**, dass es prinzipiell ein »Recht auf Vergessenwerden« gibt. Das Stadtarchiv von Amsterdam verfolgt – das liegt in der Natur der Sache – den entgegengesetzten Zweck. Rund 35 Kilometer Akten, dazu Millionen von Karten, Zeichnungen und Drucken, Bildern, Filmen und Fotos werden hier aufbewahrt. Darunter befinden sich Schätze wie der Brief des Jacob Quack, der den ältesten bekannten Poststempel der Welt trägt; Kostbarkeiten wie die Urkunde, mit der Graf Floris V. 1275 der kleinen Siedlung am Amsteldamm das Zollprivileg erteilte und damit den Grundstein für den Aufstieg zur Handelsmetropole legte; Kuriositäten wie ein Erlass aus dem Jahr 1413, der es Prostituierten untersagt, sich mit einem anderen Mann als dem eigenen Gatten in einer Kirche oder auf einem Friedhof aufzuhalten, um dort miteinander zu essen, zu trinken oder zu schlafen. Auch Anrührendes ist zu finden, etwa ein Foto des letzten lebenden Quagga, einer Zebraart, bei der nur die vordere Körperhälfte gestreift war. Erst nach dem Tod des Tieres 1883 im Zoo Artis stellte man fest, dass mit ihm die Art ausgestorben war.

Die Kulturwissenschaftlerin Aleida Assmann sagte einmal, Archive seien eine »Flaschenpost an die Zukunft«. Wenn das so ist, dann steckt das Amsterdamer Stadtarchiv in einer sehr sehenswerten Flasche: Karel de Bazel entwarf das monumentale Art-Déco-Gebäude für eine Wirtschaftsförderungsgesellschaft, später zog hier eine Bank ein. Die markanten Querrillen der Fassade trugen dem Bau den Spitznamen »spekkoek« (»Baumkuchen«) ein. Eine wunderschöne Innenausstattung und der märchenhafte Tresorraum machen einen Besuch auch für Nicht-Historiker lohnend.

**Stadsarchief Amsterdam** · Di–Fr 10–17, Sa, So 12–17 Uhr · Führungen Sa und So 14 Uhr, Anmeldung unter rondleidingen@stadsarchief.amsterdam.nl · Vijzelstraat 32 · 1017 HL Amsterdam · Tel. 020/251 15 11 · www.stadsarchief.amsterdam.nl ·

# 38 Kleine Krabbler mit großer Botschaft

*Sie haben sechs Beine, sieben Punkte und eine Mission: Kleine Marienkäfer sollen ein Zeichen setzen gegen sinnlose Gewalt. Sie werben seit Jahren als Botschafter für ein friedliches und gewaltfreies Zusammenleben. Die quadratischen Bodenplatten mit dem Käferchen sind an vielen Stellen im ganzen Land zu finden, auch in Amsterdam.*

**Zwei tödliche Ausbrüche sinnloser Gewalt** erschütterten in den 1990er-Jahren die Niederlande. In der Nacht vom 12. auf den 13. September 1996 starb in der friesischen Stadt Leeuwarden der 30-jährige Meindert Tjoelker eine Woche vor seiner Hochzeit an den Folgen einer Schlägerei. Er hatte zuvor vier Jugendliche zurechtgewiesen, die mutwillig Fahrräder auf die Straße warfen. In einem offenen Brief rief der örtliche Polizeichef Cees Bangma zu einer Schweigeminute auf, um damit ein Zeichen gegen »zinloos geweld«, sinnlose Gewalt, zu setzen. Durch die mediale Berichterstattung verbreitete sich dieser Begriff rasch als Bezeichnung für Gewaltexzesse aus nichtigem oder ganz ohne Anlass. Nur knapp ein Jahr später wurde in der Voetboogstraat in Amsterdam der 26-jährige Joes Kloppenburg erschlagen. Er hatte einigen Betrunkenen, die einen Obdachlosen attackierten, zugerufen: »Kappen nu!«, was so viel heißt wie »Hört auf damit!«

Unter dem Eindruck dieser Taten wurden landesweit Initiativen gegründet, die dem erschreckenden Phänomen der sinnlosen Gewalt durch Aufklärung und Förderung eines Gewalt ablehnenden gesellschaftlichen Klimas entgegentreten. Der Werbefachmann Bart Wisbrun kreierte das »Lieveheersbeestje«, einen Marienkäfer, als Symbol der Gewaltlosigkeit. Gegen eine Schutzgebühr können Privatpersonen und Institutionen Gehwegplatten mit dem friedlichen Krabbeltier erwerben, um sie als Statement gegen Gewalt auf Gehwegen, Straßen und Plätzen zu verlegen. Mehr als 14000 dieser »Stoppzeichen« sind inzwischen im ganzen Land zu finden – eines davon auch vor dem Club Nyx in der Reguliersdwarsstraat, Amsterdams schwul-lesbischer Ausgehmeile.

**Marienkäfer der Landelijke StichtingTegenZinloosGeweld** · Postbus 359 · 2200 AM Nordwijk · www.moed.nl

Der Marienkäfer soll ein Zeichen gegen sinnlose Gewaltexzesse setzen.

# 39 Schlaf in himmlischer Ruh …

**Die Niederländer sind bekannt** für ihren unbefangenen Umgang mit außer Dienst gestellten Kirchen. Ganz pragmatisch werden sie umgenutzt, etwa zu Sozialwohnungen, Restaurants oder Büros. Eine Kirche im Amsterdamer Stadtteil Bos en Lommer diente sogar vorübergehend als Indoor-Kletterhalle. Auch für Geheimkirchen besteht heute in der Regel keine Verwendung mehr. An der Amstel ist eine solche »schuilkerk« zu einer exklusiven Unterkunft umgewidmet worden. Wo früher der Altar stand, befindet sich nun ein himmlisch bequemes Bett – beschirmt von zwei Engeln und mit herrlichem Blick ins blau-goldene Deckengewölbe. So viel Schlafkomfort hat natürlich seinen Preis. Aber wie heißt es so schön auf der Homepage? Nirgendwo sonst können Sie Gott im Schlaf so nah sein.

**Op Het Altaar** · Amstel 98 · 1017 AC Amsterdam · www.ophetaltaar.nl

Die »himmlische Bleibe« steht bei Romantikern und Hochzeitsreisenden hoch im Kurs.

40

# Als der Bürgermeister den Verstand verlor

**Buchstaben und rätselhafte Symbole** heben sich rötlich von der Sandsteinfassade ab. Urheber dieser vermeintlichen Graffiti waren nicht etwa jugendliche Sprayer. Vielmehr soll ein ehemaliger Bewohner des imposanten Grachtenhauses die Zeichen Ende des 17. Jahrhunderts mit seinem eigenen Blut an die Wand geschmiert haben. Sechsmal war Coenraad van Beuningen Bürgermeister von Amsterdam. Als Gesandter vertrat er die Interessen der Republik in Paris und Stockholm. Doch eines Tages verließ ihn sein Glück, und mit van Beuningen, dem gefeierten Diplomaten, einflussreichen Politiker und vermögenden Geschäftsmann, ging es steil bergab. Durch Spekulationen verarmt, politisch kaltgestellt und von seiner Frau verlassen verlor er den Verstand und soll bis an sein Lebensende angekettet und entmündigt in diesem Haus gelebt haben.

**Haus mit den Blutflecken** · Amstel 216 · 1017 AJ Amsterdam

Kunstvollere Zeichnungen gibt's jenseits der Amstel in der Hermitage Amsterdam.

Immer wieder narrte Sjako seine Verfolger, denen er sogar gefesselt noch entkam.

# Die Outlaws von Amsterdam

41

*Was Robin Hood für Nottingham ist Sjako für Amsterdam. Auch er soll ein »Gentleman-Verbrecher« gewesen sein, der von den Reichen nahm, um den Armen zu geben. Einer, der den Gesetzeshütern immer wieder ein Schnippchen schlug und als echter Ehrenmann selbst unter der Folter seine Kumpane nicht verriet.*

**Viele Legenden ranken sich um den Einbrecher Sjako**: Er habe ein großes Herz für die kleinen Leute gehabt und beispielsweise einmal einen reichen Mann ausgeraubt, um die Beute mit dessen zu Unrecht entlassenem Kutscher zu teilen. Sjako und seine »schwarze Bande« drangen nachts in die Häuser wohlhabender Bürger ein, überwältigten die Bewohner im Schlaf und stahlen Geld und Schmuck. Das Amsterdam Museum verwahrt bis heute Pistolen, eine Brechstange und eine Leiter, die Sjako angeblich bei seinen Einbrüchen benutzte. Legendär war der Unterschlupf der Bande, das »Fort von Sjako«: vier Häuser an der Elandsgracht im Jordaan, untereinander verbunden durch Geheimtüren, -treppen und -gänge, durch die die Bande ihren Häschern immer wieder entkam. Im Januar 1716 schnappte die Falle schließlich zu: Sjako wurde verhaftet und vor Gericht gestellt. Mehr als zwei Jahre dauerte der Prozess. Der 1690 als Jacob Frederik Muller in Norddeutschland geborene Sjako wurde zum Tode verurteilt und auf dem Dam hingerichtet.

1886 wurde das Räubernest an der Elandsgracht abgerissen; der neue Eigentümer, ein Mann namens Hemker, errichtete an dieser Stelle Wohnhäuser. Historiker bezeichnen den legendären Räuberhauptmann aus heutiger Sicht als ganz gewöhnlichen Kriminellen, der im Übrigen auch nie an der Elandsgracht residiert habe. Doch die romantische Verklärung wirkt bis heute nach: So firmiert ein radikal gesinnter Buchladen in der Jodenbreestraat unter dem Namen Het Fort van Sjakoo. Auch an der Elandsgracht wurde dem legendären Missetäter eine posthume Ehrung zuteil: Einer von Hemkers Nachfahren ließ 1999 an einem der Häuser zwei Giebelsteine anbringen, die an Sjako und sein Fort erinnern.

**Fort von Sjako** · Elandsgracht 73 · 1016 TR Amsterdam

42

# Oh, Johnny!

*Mitte der 1950er-Jahre belegte eine 43-jährige Putzfrau bei einem Talentwettbewerb den zweiten Platz hinter einem singenden Kellner. Unter ihren Künstlernamen Tante Leen und Johnny Jordaan machten die beiden ab 1955 eine steile Karriere, solo und im Duett. Beide stammten aus dem Jordaan und werden dort bis heute verehrt.*

**Lissabon hat den Fado, Paris den Chanson.** Und Amsterdam? Amsterdam hat die »Levenslieder«, offensiv zu Herzen gehende, ungeniert sentimentale Schlager mit einer Melodie, die man sofort mitsummen kann. Viele Lieder handeln von den Sorgen und Nöten, Wünschen und Sehnsüchten der kleinen Leute. Einige der erfolgreichsten Interpreten und viele ihrer glühendsten Fans waren im Jordaan zu Hause, damals ein ärmliches Arbeiterviertel. Schnell wurde der Stadtteil zur inoffiziellen Hauptstadt des Levenslieds, und folglich hat man für die Stars dieses Genres genau hier eine Gedenkstätte eingerichtet. Wo die Elands- auf die Prinsengracht trifft, stehen unter alten Bäumen Bildnisse von Johnny Jordaan, Tante Leen und anderen Musikern.

▶ **Noch immer werden die Levenslieder in manchen Kneipen mit Inbrunst (mit-) gesungen, etwa im Café de twee Zwaantjes an der Prinsengracht 114.**

Auf der Straße würde man sich vermutlich nicht nach ihnen umdrehen: dieser freundlich lächelnde Herr mit der eckigen Kassenbrille, diese rundliche Dame mittleren Alters – das sollen mal Stars gewesen sein? Oh ja, und das sind sie für viele bis heute. Die hemmungslos lokalpatriotische Hymne *Geef mij maar Amsterdam!* (»Gebt mir nur Amsterdam!«), einer der größten Erfolge von Johnny Jordaan, wird noch immer zu vielen Gelegenheiten gespielt. »Lieber bin ich völlig mittellos in Amsterdam«, singt er da, »als ein Millionär in Paris!« Noch eine Kostprobe gefällig? Sie stammt aus einem von Tante Leens größten Hits: »Oh Johnny, sing ein Lied für mich allein (...). Dann fühle ich spontan, wie mir das Herz aufgeht, oh Johnny, für unseren Jordaan!«

**Johnny Jordaanplein** · Prinsen-/Ecke Elandsgracht · 1016 HW Amsterdam · Neben Johnny Jordaan und Tante Leen sind auch Johnny Meyer, Manke Nelis und das Duo Jan & Mien hier verewigt.

Jedes Jahr im September erklingen beim Jordaan-Festival die traditionellen Lieder.

43

# Ei(n)s mit Sternchen

*Von März bis September ist Eiszeit im Jordaan: Wenn der Laden der kleinen Eisfabrik Monte Pelmo geöffnet ist, stehen die Leckermäuler Schlange. Das Sortiment wechselt täglich – neben Klassikern wie Schoko oder Vanille gibt's hier immer wieder auch Experimentelles auf die Waffel. Wie wär's zum Beispiel mal mit Spinateis?*

**Gäbe es für Eiscreme Schulnoten**, wäre der Eisfabrik Monte Pelmo im Jordaan wohl eine Eins mit Sternchen sicher. Ob der Slogan des Unternehmens wohl deshalb »Ijs met een Ster« (»Eis mit einem Stern«) lautet? Die Gründer, Riek und Chris Cornelisse, betrieben in den 1950er-Jahren einen Imbiss, wo sie italienischen Gastarbeitern mit Spaghetti und anderen Gerichten einen Hauch von Heimat vermittelten. Fehlte nur noch der passende Nachtisch … Kurzerhand besorgte sich Familie Cornelisse eine original italienische Eismaschine nebst Rezept und begann zu experimentieren. Das niederländisch-italienische Crossover funktionierte prächtig: Erst belieferten die Cornelissens verschiedene mobile Eisverkäufer mit ihren Produkten, doch schon bald schwärmten die Familienmitglieder mit eigenen Eiswägelchen aus. 1966 bezog das Familienunternehmen die Räumlichkeiten an der Tweede Anjeliersdwarsstraat und ging dort mit drei Eismaschinen und fünf Geschmacksrichtungen auf Wachstumskurs.

»Ijs met een Ster« kann man aber auch mit »Eis mit einem Star« übersetzen, und auch das wäre nicht völlig aus der Luft gegriffen. Fred Cornelisse, der 1981 die Geschäftsführung von seinen Eltern übernahm, war ein begeisterter Sänger, der mit den Eisverkäufern, die er belieferte, gern und häufig ein Lied anstimmte. Als »der singende Eismann vom Jordaan« kam er zu einiger Berühmtheit, tourte mit seinem antiken Eiswägelchen durch die Lande, trat im Fernsehen auf und nahm schließlich sogar eine Platte auf. Mittlerweile führt Freds Tochter Angela die Eisfabrik, andere Familienmitglieder betreiben weitere Eisdielen in Amsterdam und Zandvoort. Gutes Eis liegt bei den Cornelissens, wie es scheint, in der Familie.

**Monte Pelmo Ijswinkel** · Straßenverkauf Ende März–Ende September, Tgl. 13–22 Uhr · Tweede Anjeliersdwarsstraat 17 · 1015 NS Amsterdam · Tel. 020/623 09 59 · www.montepelmo.nl

Die Eismanufaktur Monte Pelmo ist nach dem höchsten Gipfel der Dolomiten benannt.

Tausende von Notenrollen warten im Pianola Museum auf ihren Einsatz.
Da ist Musik drin: ein Selbstspielmechanismus an einem Flügel.

44

# Als die Klaviere spielen lernten

*Sie standen in gutbürgerlichen Wohnzimmern und in Kneipen. Queen Victoria besaß eines, der Dramatiker George Bernard Shaw ebenfalls. Um die Jahrhundertwende erlebten selbstspielende Klaviere eine kurze, intensive Blütezeit. Im Pianola Museum leben diese goldenen Jahre aus der Frühzeit der Musikkonserve fort.*

**»In einer kleinen Konditorei, da saßen wir zwei** bei Kuchen und Tee (...). Und das elektrische Klavier, das klimpert leise eine Weise von Liebesleid und Weh ...« Als Fred Raymond diesen Schlager 1929 schrieb, war der Stern des Pianolas schon im Sinken begriffen. Kurz vor der Jahrhundertwende kamen die ersten Selbstspielmechanismen für Klaviere auf den Markt. Bis dahin musste, wer Musik hören wollte, selbst musizieren oder sich etwas vorspielen lassen. Die neuen mechanischen Klaviere konnten ein ganzes Repertoire von Musikstücken abspielen, die auf auswechselbaren Notenrollen mit eingestanzten Löchern gespeichert waren. Aufnahme- und Wiedergabetechnik wurden immer weiter verfeinert, sodass man bald auch eigenen künstlerischen Ausdruck in die Stücke legen oder sich Konzertmitschnitte anhören konnte. Viele bedeutende Pianisten spielten Stücke für das Pianola ein, berühmte Komponisten wie Igor Strawinsky und Paul Hindemith schrieben oder arrangierten Werke dafür. Nach einem Vierteljahrhundert war Schluss: Grammophon und Rundfunk verdrängten die selbstspielenden Klaviere.

In einer ehemaligen Polizeiwache, einem alterwürdigen Backsteingebäude im Herzen des Jordaan, werden die mechanischen Wunderwerke bis heute in Ehren gehalten. Das Pianola Museum beherbergt eine beeindruckende Sammlung von Instrumenten, in den ehemaligen Arrestzellen lagern fast 30 000 Notenrollen. Das Schönste aber ist: Die enthusiastischen Pianolafreunde stellen ein beeindruckendes Konzertprogramm von Klassik über Jazz bis Tango auf die Beine, sodass man die klingenden Schätze des Museums regelmäßig live erleben kann.

**Pianola Museum** · Einzelbesucher nur So 14–17 Uhr, Gruppen täglich nach Absprache · Westerstraat 106 · 1015 MN Amsterdam · Tel. 020/627 96 24 · Konzertprogramm unter www.pianola.nl

## 45 Lecker, lecker, Papabubble!

**Eins bekommt der Zaungast sehr schnell mit**: Bonbons machen ist kein Zuckerschlecken, sondern richtig schwere Arbeit. Mitten im Laden, unter den Augen der großen und kleinen Zuschauer, stellen die Bonbonköche bei Papabubble am Haarlemmerdijk jede Menge kunterbunte Leckereien her: Gießen heiße Zuckermasse auf Granitplatten, ziehen sie über den Zuckerhaken. Für Brautpaare werden auf Wunsch Bonbons mit ihrer beider Namen, für Geschäfte Kamellen mit dem Firmenlogo gefertigt – Mindestbestellmenge zehn Kilo ... Wer schon immer wissen wollte, wie die Streifen in den Lolli kommen, ist hier genau richtig. Wer gern Süßes isst, erst recht.

**Papabubble** · Mo, Mi–Fr 13–18, Sa 10–18 Uhr · Haarlemmerdijk 70 · 1013 JE Amsterdam · Tel. 020/626 26 62 · www.papabubble.nl

## 46 Abstimmung an der Tasse

**Noch ein Tässchen Tee, meine Liebe**? Mit einem Augenzwinkern bezeichnen die Gründerinnen der Tea Bar am Haarlemmerdijk ihren 2008 gegründeten Laden als »Creator of Personali*teas*«. Hier findet wohl jeder seinen Lieblingstee. Mehr als hundert Sorten sind vorrätig und ständig werden neue entwickelt. Die Kunden haben in der Tea Bar ein gewichtiges Wörtchen mitzureden: Via Facebook können sie aus vier Sorten ihren Favoriten wählen; den Abstimmungssieger gibt es dann als »Tee des Monats« vier Wochen zum halben Preis. Zweimal im Jahr sind die Kunden zudem aufgerufen, sich an der Auswahl der Teesorten für das kommende Halbjahr zu beteiligen.

**Tea Bar** · Mo 11–18, Di–Fr 10–18, Sa 10–17 Uhr · Haarlemmerdijk 71 · 1013 KC Amsterdam · Tel. 020/623 32 11 · www.teabar.nl

Alles Handarbeit: Hier werden mit einem scharfen Messer Bonbons geschnitten.

Durch und durch geschmackvoll: In der Tea Bar dreht sich alles um den Teegenuss.

joy your tea here!
NIEUW!

47

# Kino unterm Sternenhimmel

*»Carpe diem« heißt auf Lateinisch so viel wie »Pflücke den Tag« und ist eine Aufforderung, die Zeit zu nutzen. Nun ist Amsterdam nicht Rom und so lautet die Parole hier: »Pluk de Nacht!«, also: »Pflücke die Nacht!« Unter diesem Motto findet jeden August eines der größten Open-Air-Filmfestivals der Niederlande statt.*

**Der Eintritt ist frei, die Aussicht spektakulär**. Das Festivalgelände ist ein ehemaliger Hafenpier, der zu Beginn des 20. Jahrhunderts für den Güterumschlag errichtet wurde. Het Stenen Hoofd, so der Name des Piers, ist eine mit Sand gefüllte Wanne, die sich in das Wasser des IJ erstreckt. Die künstliche Halbinsel ruht auf rund 11 000 Gründungspfählen – nur rund 2000 weniger als der Königliche Palast am Dam. Bis 1968 wurden hier Güter gelöscht, danach gab es die unterschiedlichsten Überlegungen, wie das Gelände zu nutzen sei: Ein Heliport sollte hier entstehen, Luxuswohnungen, ein Gefängnis oder ein naturnahes Schwimmbad.

▶ **Das schicke, sachlich-kühle Fischrestaurant Nevy (Westerdoksdijk 40) lockt freitags zwischen 17 und 18 Uhr mit einer Austern-Happy-Hour: Pro Stück zahlt man einen Euro.**

Eine von Anwohnern gegründete Stiftung engagiert sich seit mehr als 25 Jahren dafür, diesen kleinen Zipfel Land als Stadtstrand und Ort für kulturelle Veranstaltungen zu erhalten und hat dazu inzwischen eine Kooperationsvereinbarung mit der Stadt geschlossen. Auf dem Programm stehen Konzerte und Nachbarschaftsfeste; ein Höhepunkt aber ist das jährliche Kinofestival Pluk de Nacht: Auf einer riesigen Leinwand werden niederländische und internationale Filme (auf Englisch oder mit englischen Untertiteln) gezeigt, die den Weg in die Kinos (noch) nicht gefunden haben. Es gibt Cocktails, Wolldecken und Lagerfeuer. Wer clever ist, reserviert sich gegen eine kleine Gebühr online einen Liegestuhl und finanziert so das Festival mit. Und dann lehnt man sich zurück und genießt: den Film, die unvergleichliche Atmosphäre und den Blick in den Sternenhimmel und auf die vorüberziehenden Schiffe.

**Pluk de Nacht** · Jeweils an einem Augustwochenende, Termine auf der Homepage · Westerdoksdijk 705c/gegenüber Hausnummer 47 · 1013 BX Amsterdam · Tel. (mobil) +31 6 20 45 00 15 · www.plukdenacht.nl

Der Filmspaß unter freiem Himmel hat eine treue Fangemeinde.
Hereinspaziert! Das Open-Air-Event hat eine ganz besondere Atmosphäre.

Die Badekultur des Hammam geht auf griechische und römische Wurzeln zurück.

# Badefreuden aus 1001 Nacht

48

*Außen nüchterner niederländischer Backstein, innen Wärme, Düfte, Dampf und Kerzenschein: Im historischen Volksbadehaus an der Zaanstraat lockt der Hammam Amsterdam mit einem umfangreichen Wellnessangebot. Der Montagabend ist ausschließlich für Männer reserviert, den Rest der Woche sind die Frauen hier unter sich.*

**Im Hammam, dem traditionellen türkischen Dampfbad**, geht es nicht allein darum, sauber zu werden – es ist vielmehr eine Wohltat für Körper und Seele. Die über 800 Jahre alte Hammam-Kultur hat ihren Ursprung im Orient. Jahrhundertelang waren diese Bäder vor allem für Frauen wichtige soziale Treffpunkte, wo sie sich in entspannter Atmosphäre mit anderen trafen. Hier konnten sie Kontakte knüpfen und Freundschaften pflegen, sich waschen, plaudern, Tee trinken und dabei unauffällig potenzielle Bräute für die eigenen Söhne unter die Lupe nehmen … Auch wenn die Brautschau im Amsterdamer Hammam wohl eine eher untergeordnete Rolle spielt, geht es hier ansonsten ganz traditionell zu: An den Badetagen der Frauen haben Männer im Bad nichts zu suchen; auch kleine Jungs dürfen ihre Mama nur bis zum vierten Lebensjahr begleiten.

Die Badeabteilung besteht aus verschiedenen Räumen mit ansteigenden Temperaturen. Blaue Ornamente schmücken die weißen Kachelwände. Im Aufenthaltsraum verbreiten Laternen, Teppiche und bunte Kissen orientalisches Flair, es werden kleine Häppchen und Tee serviert. Wer sich rundum verwöhnen lassen will, kann diverse Anwendungen buchen – auch eine »Brautbehandlung« ist darunter. Dabei wird zuerst der ganze Körper mit einer speziellen Olivenseife eingeschäumt. Danach geht es ins Dampfbad. Mit einem rauen Handschuh, der sogenannten Kese, rubbelt eine der Mitarbeiterinnen dann den ganzen Körper kräftig ab. Nach diesem Peeling sorgt eine Schlammpackung für eine besonders weiche, zarte Haut. Den krönenden Abschluss bildet eine Ganzkörpermassage. Der Hammam steht Frauen aller Nationalitäten und Kulturen offen.

**Hammam Amsterdam** · Männer Mo 18–22, Frauen Di–Fr 12–22, Sa, So 12–20 Uhr, Reservierung ratsam! · Zaanstraat 88 · 1013 RW Amsterdam · Tel. 020/681 48 18 · www.hammamamsterdam.nl

Das hochmoderne Theater Amsterdam liegt am Rande des ehemaligen Holzhafens.

# Anne Frank auf großer Bühne

49

*Das Tagebuch der Anne Frank, das das jüdische Mädchen während der deutschen Besatzung in ihrem Versteck an der Prinsengracht schrieb, hat Weltruhm erlangt. In Amsterdam hatte 2014 ein umstrittenes Theaterstück Premiere. Kann man, darf man die Schrecken jener Zeit in einer kommerziellen Bühneninszenierung zeigen?*

**Anne Franks nicht gelebtes Leben** soll mitschwingen in dem Theaterstück, das Leon de Winter und Jessica Durlacher im Auftrag des in Basel ansässigen Anne-Frank-Fonds verfassten. Diese Institution bemüht sich unter der Leitung von Annes letztem noch lebenden direkten Verwandten, ihrem Cousin Buddy Elias, darum, die Erinnerung an den Menschen Anne Frank wachzuhalten. Im Vorfeld war das Vorhaben heftig umstritten: Kritisiert wurde nicht nur die geplante Inszenierung, an der ein Broadway-Produzent mitwirkte, sondern auch die Vermarktung als »Event«, inklusive der Möglichkeit, ein Pausen-Arrangement mit Champagner zu buchen. Die fiktive Rahmenhandlung des Stücks, das im Mai 2014 Premiere feierte, knüpft an eine Passage aus dem echten Tagebuch an, in der Anne von einem Studium in Frankreich träumt. Auf der Bühne kommt sie nach dem Krieg in einem Café in Paris mit einem Verleger ins Gespräch und schildert ihm ihre Lebensgeschichte: die Kindheit, die Jahre im Versteck und das Grauen, das folgte, nachdem die Familie verraten worden war.

Im Theater Amsterdam, das eigens für dieses Stück errichtet wurde, hat man nicht an modernster Bühnentechnik gespart: Da gibt es aufwendige Bühnenbilder, die rotieren und sich verschieben, riesige Bildschirme, auf die Multimedia-Elemente – Wochenschauaufnahmen etwa oder Auszüge aus dem Tagebuch – projiziert werden und ein Übersetzungssystem, das es ausländischen Besuchern per Leihtablet ermöglicht, dem Stück in ihrer Muttersprache zu folgen.

▶ **In Sichtweite des Theaters liegt eine Hochseeplattform, die einst einen Piratensender und heute ein Restaurant beherbergt (www.remeiland.com).**

**Theater Amsterdam** · Danzigerkade 5 · 1013 AP Amsterdam · Tel. 020/705 50 00 (nur Info, keine Reservierungen) · Termine und Reservierungen unter www.theateramsterdam.nl

# 50 Wo die Backsteine tanzen

*Der Erker sieht aus wie eine Zigarre, die Dachkante prunkt mit einer filigranen Wellenkante und die Backsteinfassade legt sich plötzlich rasant in die Kurve. Der Bauherr, eine Wohnungsbaugenossenschaft, hatte dem jungen Architekten Michel de Klerk bei diesem Wohnblock freie Hand gelassen, und der tobte sich so richtig aus.*

**Zu Beginn des 20. Jahrhunderts** sagte Amsterdam seinen Slums den Kampf an. Es sollte endlich Schluss sein mit den katastrophalen Wohnverhältnissen in den Arbeitervierteln, mit den aus billigsten Materialien schnell und schlampig hochgezogenen Mietskasernen. Einen entscheidenden Anstoß dazu gab ein 1901 erlassenes Wohnungsbaugesetz, das die niederländischen Kommunen dazu verpflichtete, Bauordnungen zu erlassen. Um die Wohnverhältnisse in den Arbeitervierteln zu verbessern, wurden Mittel für den sozialen Wohnungsbau bereitgestellt. Diese Maßnahmen lösten in Amsterdam einen regelrechten Bauboom aus. Etliche Wohnblocks wurden im Stil der Amsterdamer Schule erbaut, einer expressionistischen Architekturströmung, die mit ihren extravaganten Entwürfen ganz neue Maßstäbe setzte. Ein Paradebeispiel dafür ist der Wohnblock Het Schip.

Architekt Michel de Klerk widmete sich mit Feuereifer seinem Auftrag. Denn als Sohn einer jüdischen Diamantschleiferfamilie mit 25 Kindern wusste er nur zu gut, was es bedeutete, in Armut zu leben. Auf dem dreieckigen Grundstück an der Spaarndammerplantsoen realisierte er ein Gesamtkunstwerk aus 102 für die damalige Zeit sehr hellen und gut geschnittenen Wohnungen, einem Versammlungsraum und einem Postamt. Die Fassade schmücken kühne Schwünge, extravagant geformte und platzierte Fenster und Erker, verspielte Türmchen und Skulpturen, die aus dem gemauerten Backstein herausgearbeitet wurden. Im ehemaligen Postamt dieses 1921 fertiggestellten »Arbeiterpalastes« ist heute ein Museum eingerichtet. Eine Museumswohnung spiegelt die Lebensverhältnisse der Arbeiter in den 1920er-Jahren wider.

**Museum Het Schip** · Di–So 11–17 Uhr · Führungen zu jeder vollen Stunde, die letzte startet um 16 Uhr · Spaarndammerplantsoen 140 · 1013 XT Amsterdam · Tel. 020/686 85 95 · www.hetschip.nl

Bis ins kleinste Detail spiegelt der Komplex den Geist der Amsterdamer Schule wider.

Abenteuer pur: Hier laufen kleine Entdecker zur Hochform auf!
Stockbrot backen über dem offenen Feuer – was kann schöner sein?

51

# Kinderspaß im Wilden Westen

*Zwei Schaukeln, eine Rutsche, ein Sandkasten, und unter dem Klettergerüst liegen Gummimatten, um Stürze abzufedern – so sehen immer noch viele Spielplätze im städtischen Raum aus. Kein Wunder also, dass sich viele Kinder viel zu wenig bewegen. Der Outdoor-Spielplatz Het Woeste Westen macht vor, wie's besser geht: Zurück zur Natur!*

**Die Stammgäste erkennt man am Gepäck**. Wer öfter hier ist, hat eine große Tasche mit Wechselklamotten und einem Handtuch mit. Der Name »Het Woeste Westen« ist Programm: Der »Wilde Westen« am Rande des Westerparks ist ein abenteuerlicher Naturspielplatz, der größte seiner Art in einer niederländischen Stadt. Rund ums Jahr können Kinder bis 13 Jahren sich hier in freier Natur austoben: im Matsch buddeln, Frösche beobachten, auf Bäume klettern oder auf schwankenden Flößen herumschippern. Das 2010 eröffnete Spielterrain ist von kleinen Wasserläufen durchzogen, die das Areal in verschiedene Inseln unterteilen. Mal kann man mit einer kleinen Seilfähre übersetzen, mal per Seilbahn ans andere Ufer sausen. Jede Insel hat ein eigenes Thema: Da gibt es eine Blumenwiese und einen Platz zum Hüttenbauen, eine Abenteuerinsel mit Weidenhütten und -tunneln und kleine Wäldchen zum Verstecken spielen. Das ganze Gelände lädt Stadtkinder dazu ein, spielerisch die Natur zu entdecken.

Wer älter als sieben ist und schwimmen kann, darf auf eigene Faust losziehen und ausprobieren, was man mit Stöcken, Steinen, Wasser und Sand anstellen kann; bei den Jüngeren muss ein Erwachsener in der Nähe bleiben, um im Notfall eingreifen zu können – wobei Martin Hup, der Leiter des Platzes, da zur Zurückhaltung rät. Überbehütete Kinder, so sagte er in einem Interview, lernen nie, wie das ist, wenn man mal hinfällt. Das Gelände ist frei zugänglich; zu bestimmten Zeiten ist ein Betreuer vor Ort. Dann sind auch die Toiletten und ein Kaffee- und Snackverkauf geöffnet. So sind auch die Eltern sinnvoll beschäftigt, bis sie abends mit ihrem müden, dreckigen, glücklichen Nachwuchs wieder nach Hause fahren ...

**Het Woeste Westen** · Betreuer vor Ort/Kiosk geöffnet: Tgl. 11–18 Uhr · Overbrakerpad 3 · 1014 AZ Amsterdam · www.woestewesten.nl · Nicht direkt per Auto erreichbar, Parkmöglichkeiten siehe Homepage

52

# Wenn der Hummer Vollgas gibt

*Der Begriff »Essen auf Rädern« bekommt eine ganz neue Bedeutung, wenn sich das Gelände der Westergasfabriek beim alljährlichen Food-Festival Rollende Keukens in ein Freiluftrestaurant verwandelt. Dutzende von mobilen Garküchen aller Art geben sich dort ein Stelldichein – selten ist eine Blechlawine so appetitlich.*

**Kurz vor dem Himmelfahrtswochenende** nähert sich eine bunte Karawane einer ehemaligen Gasfabrik im Westen von Amsterdam. Die Industriebrache hat sich zu einem kulturellen Hotspot gemausert, der mit vielfältigen Veranstaltungen Scharen von Besuchern anzieht. Einer der Höhepunkte ist das Festival Rollende Keukens. Über dem Gelände weht dann das Banner mit dem Logo der Veranstaltung: ein knallroter Hummer, der anstelle des letzten Beinpaares zwei breite Reifen aufweist.

Auf dem Areal stehen die »Rollenden Küchen« dicht an dicht: Ein zartrosa VW-Bus beherbergt einen mobilen Süßigkeitenladen; ein Stück weiter backen Herren in Schlips und Kragen Pfannkuchen. Ein chromglänzender amerikanischer Trailer lockt stilecht mit einer schwungvollen Neonreklame auf dem Dach. Ein französischer Koch ist mit einem betagten Citroen Typ H, dem Wellblech-Klassiker, vorgefahren und bietet süße Crêpes an. Die Konkurrenz schläft nicht: Aus einem mintgrünen Wohnwagen duftet es verlockend nach Donuts. Auch das Jugendausbildungsprojekt von Starkoch Jamie Oliver war schon vertreten – und rollte in einem umgebauten Linienbus aufs Gelände. Vom Bauwagen bis zur Gangsterlimousine, vom Feuerwehrauto bis zum Mini Cooper gibt es nichts, was nicht zu einer mobilen Verpflegungseinheit umgebaut werden könnte. Abgerundet wird das kulinarische Event für die ganze Familie mit einem abwechslungsreichen Live-Musikprogramm.

▶ **Wer selbst mal Hand anlegen möchte: Im Lokal de culinaire werkplaats kann man nicht nur eine fünfgängige »eating experience«, sondern auch Workshops buchen (www.deculinaire-werkplaats.nl).**

**Het Weekend van de Rollende Keukens** · Immer übers Himmelfahrtswochenende, Mi 18–23, Do–So 13–23 Uhr · Pazzanistraat 35 · 1014 DB Amsterdam · www.rollendekeukens.nl

Freiluftgastronomie auf die lässige Art – den Gästen gefällt's!
So abwechslungsreich wie die Gerichte sind die Fahrzeuge der mobilen Köche.

# 53 Wo Mata Hari einst Hochzeit feierte

*An diesem Ort trafen sich Dichter und Intellektuelle. Hier wurde ein Mord verübt und eine schöne Spionin feierte ihre Hochzeit. Das American Hotel ist ein Haus mit Tradition und Geschichte. Das elegante Gebäude wird als Paradebeispiel des Jugendstils gefeiert – obwohl sein Architekt diese Stilrichtung eigentlich verabscheute.*

**Am 15. Oktober 1917 tritt die Spionin Mata Hari** in Vincennes bei Paris vor ein Erschießungskommando. Damit endet das Leben einer schillernden Persönlichkeit, die 1876 unter dem Namen Margaretha Geertruida Zelle im friesischen Leeuwarden geboren wird. Nach ihrer Heirat mit dem Offizier John MacLeod, den sie über eine Heiratsanzeige kennenlernt, steigt das frischgebackene Ehepaar im American Hotel am Leidseplein ab. Die Ehe scheitert; als erotische Tänzerin avanciert Geertruida unter dem Künstlernamen Mata Hari zum gefeierten Star. Aus Geldnot wird sie im Ersten Weltkrieg zur Doppelagentin und bezahlt dafür schließlich mit ihrem Leben.

Das Hotel, in dem sie damals, in glücklicheren Tagen, abstieg, stand zu diesem Zeitpunkt schon nicht mehr. 1902 musste es einem Neubau weichen. Dessen Architekt Willem Kromhout hatte sich eigens einige der führenden Grandhotels Europas angesehen, bevor er seinen Entwurf ablieferte: einen eigenwilligen Mix aus expressionistischen, gotischen und orientalischen Elementen. Das Gesamtergebnis steht dem Jugendstil unverkennbar nahe. Besonders schön ist das elegante Interieur des Café Americain, in dem seit jeher Künstler und Schriftsteller verkehren. Wer die prächtige Innenausstattung in aller Ruhe bewundern will, dem sei der High Tea empfohlen, der nachmittags zwischen 14 und 17 Uhr serviert wird (Reservierung erforderlich). Dass sich der Schriftsteller Harry Mulisch hier zu Beginn seiner Karriere öfter habe ausrufen lassen, um seinen Namen bekannt zu machen, ist eine gern erzählte, von ihm jedoch stets bestrittene Anekdote. Historisch verbürgt ist hingegen, dass im American Hotel 1990 ein britischer Drogendealer ermordet wurde.

**Café Americain im Amsterdam American Hotel Hampshire Eden** · Leidsekade 97 · 1017 PN Amsterdam · Tel. 020/556 30 10 · www.edenamsterdamamericanhotel.nl

Das elegante Hotel mit dem markanten Eckturm steht unter Denkmalschutz.
Architekt Willem Kromhout bediente sich großzügig bei unterschiedlichen Stilen.

# 54 Wer wird denn gleich in die Luft gehen?

*Auf den ersten Blick haben die beiden nicht viel gemeinsam: Auf dem Programm der Stadsschouwburg stehen klassisches Schauspiel und Ballett. Im legendären Kulturzentrum Melkweg hingegen geben sich Bands wie UB40 und New Model Army die Ehre. Und doch haben die beiden Häuser eine WG gegründet.*

**Am Anfang stand ein sehnlicher Wunsch**: Sowohl die Stadsschouwburg als auch das Kulturzentrum Melkweg hätten gern noch einen zusätzlichen großen Saal gehabt. Aber die einzige noch bebaubare Fläche weit und breit war eine kleine Parzelle zwischen den beiden benachbarten Bühnen – und die war viel zu klein, um auch nur einem dem beiden Häuser die gewünschte Erweiterung zu ermöglichen. Was tun? Die Kreativen rechts und links der Lücke steckten die Köpfe zusammen und beschlossen schließlich, die nötige Erweiterung gemeinsam in Angriff zu nehmen. Und weil der

Der Neubau besticht durch klare Formen aus Glas und Stahl.

Platz am Boden dafür nicht ausreichte, taten sie schließlich das, was man Kulturschaffenden ja ohnehin gern nachsagt: Sie bauten sich ein wunderschönes Wolkenkuckucksheim.

Die Idee wirkt auch auf den zweiten Blick ziemlich abgehoben: Auf der kleinen Parzelle entstand ein Sockel, auf den 14 Meter über dem Straßenniveau ein hochmoderner Theatersaal mit 600 Sitzplätzen aufgesetzt wurde. Dieser Saal kragt nun in luftiger Höhe weit über das Gebäude des Kulturzentrums Melkweg aus. Die beiden ungleichen Bauherren nutzen den Rabozaal getauften Bühnenraum mit der spektakulären, 25 mal 30 Meter messenden Glasfront im Wechsel; er kann nach Bedarf als klassisches Proszeniumstheater oder als Konzertlocation mit 900 Stehplätzen genutzt werden. Und weil eine Bühne in derart luftiger Höhe auch in logistischer Hinsicht eine Herausforderung darstellt, verfügt das kulturelle Joint Venture über einen Spezialaufzug, der Lkws mit Bühnenbildern nach oben befördert.

**▶ Gleich um die Ecke gibt es noch einen kulturellen Überflieger: Die markante Glasfront des DeLaMar-Theaters »umarmt« ein altes Schulgebäude (Marnixstraat 402).**

**Stadsschouwburg Amsterdam/Rabozaal** · Leidseplein 26 · 1017 PT Amsterdam · Tel. 020/624 23 11 · www.stadsschouwburgamsterdam.nl

# 55 Emanzipation mit der Häkelnadel

*Wer heute selbstgestrickte Socken verkauft, käme wohl kaum auf die Idee, das als einen mutigen Akt der Emanzipation zu betrachten. Vor rund 150 Jahren sah das noch ganz anders aus. Da eröffnete die Vereinigung Arbeid adelt Frauen erstmals die Chance, durch den Verkauf von Handarbeiten eigenes Geld zu verdienen.*

**Heute bieten Internetplattformen** wie DaWanda kreativen Zeitgenossinnen eine bequeme Möglichkeit, ihre selbstgenähten oder -gestrickten Produkte zu Geld zu machen. Betsy Perk hätte daran sicher ihre helle Freude gehabt. Als sie 1871 die »Algemeen Nederlandsche Vrouwenvereeniging Arbeid adelt« gründete, standen Frauen aus gutem Hause eigentlich nur zwei Karrieren offen: Entweder heirateten sie und widmeten sich fortan der Familie oder sie blieben ledig und füllten ihre Tage mit Klavierspiel und karitativen Werken. Betsy Perk verfolgte ein für die damalige Zeit revolutionäres Ziel: Sie wollte Frauen aus der Mittel- und Oberschicht in die Lage versetzen, durch den Verkauf selbst gefertigter Handarbeiten eigenes Geld zu verdienen, und ihnen damit eine gewisse Unabhängigkeit verschaffen. Im Dezember 1871 organisierte Perk in Delft eine erste Verkaufsausstellung mit Handarbeiten. Da die Stücke namentlich gekennzeichnet waren, outeten sich die mutigen Teilnehmerinnen damit als »Erwerbswillige«.

In den mehr als 140 Jahren ihres Bestehens hat die Organisation, die mittlerweile unter dem Namen Tesselschade – Arbeid adelt (TAA) firmiert, kontinuierlich Frauen auf ihrem Weg in die wirtschaftliche Selbstständigkeit unterstützt: zum einen durch den Verkauf der selbstgemachten Handarbeiten in den neun TAA-eigenen Geschäften, zum anderen zunehmend auch durch finanzielle Zuwendungen für die Dauer einer Ausbildung oder Umschulung. Wer also in dem kleinen, liebenswert altmodischen Lädchen am Leidseplein ein gestricktes Kindermützchen oder einen wattierten Kaffeewärmer ersteht, unterstützt damit eine Frauenrechtsbewegung, die vor über hundert Jahren die Häkelnadel als Waffe für sich entdeckte.

**Tesselschade – Arbeid adelt/TAA-Winkel Amsterdam** · Di–Fr 11–17.30, Sa 10–17 Uhr · Leidseplein 33 · 1017 PS Amsterdam · Tel. 020/623 66 65 · www.tesselschade-arbeidadelt.nl

Wer kunstvolle Handarbeiten zu schätzen weiß, ist hier an der richtigen Adresse.

56

# Der Amateur, der Weltmeister wurde

*Ganz Holland war aus dem Häuschen. Ausgelassen feierten die Menschen im Jahre 1935 die Weltmeisterschaft. Der Name Max Euwe war in aller Munde, denn der heißersehnte Sieg ging auf sein Konto. Wer aber war dieser Max Euwe? Ein Fußballer? Ein Tennisspieler? Weit gefehlt! Max Euwe spielte Schach.*

**Das gesamte Land war im Schachfieber** in jenem Herbst 1935. Der Russe Alexander Aljechin, seines Zeichens amtierender Schachweltmeister, hatte einen Amateur herausgefordert: den Niederländer Max Euwe, der im Hauptberuf Mathematik und Technik unterrichtete. Euwe galt zwar als einer der besten Schachspieler der Welt. Trotzdem rechnete ihm kaum jemand große Chancen aus, denn der russische Titelinhaber stand in dem Ruf, so gut wie unschlagbar zu sein. Insgesamt 30 Partien waren vereinbart und nach den ersten Runden lag Euwe deutlich zurück. Dann aber holte

Das große Freiluftschach lockt stets viele Spieler und Zuschauer an.

er auf und gewann schließlich am 15. Dezember 1935 knapp. Bei der Revanche zwei Jahre später holte sich Aljechin die Krone zurück. Als der Russe 1946 starb, stand die Schachwelt zum ersten Mal seit 60 Jahren ohne Weltmeister da. Der Weltschachverband FIDE veranstaltete daraufhin ein Turnier der weltbesten Spieler, bei dem Euwe den fünften Platz belegte – auch das eine beachtliche Leistung, wenn man bedenkt, dass der Niederländer seinen Amateurstatus nie aufgab. Gleichwohl drehte sich sein Leben um das Schachspiel: Er gab Schachstunden, schrieb Bücher und war nach seiner Pensionierung von 1970 bis 1978 Präsident der FIDE.

Das 1986 eröffnete Max Euwe Centrum veranstaltet Kurse und Seminare und informiert über kulturelle, wissenschaftliche und gesellschaftliche Aspekte des Schachspiels. Besucher können gegeneinander oder gegen diverse Schachcomputer und -programme antreten. Die Bibliothek umfasst über 10 000 Fachbücher und zahlreiche Zeitschriften. Nicht zuletzt zeichnet das Museum die Lebensgeschichte Max Euwes nach – jenes Amateurs, der für sein Land den Weltmeistertitel holte.

**Max Euwe Centrum** · Di–Fr und am ersten Samstag jedes Monats 12–16 Uhr · Max Euweplein 30a · 1017 MB Amsterdam · Tel. 020/625 70 17 · www.maxeuwe.nl

Ob der kleine Mann, der hier so emsig sägt, ahnt, in welcher Gefahr er schwebt?

# Das Geheimnis des unbekannten Künstlers

57

*Der kleine Mann sägt unverdrossen an dem Ast, auf dem er steht. Mitten in der Stadt, im Leidsebosje, gleich gegenüber des Leidseplein. Im Winter, wenn die Bäume kahl sind, ist er leicht zu finden; auch im Sommer ist es nicht allzu schwierig, ihn auszumachen. Ein Geheimnis ist aber, wer ihn erschaffen hat und wie er in den Baum kam.*

**Eines Morgens war er einfach da:** Ende Januar 1989 stand Het Zagertje (»der kleine Säger«) plötzlich in einer der großen Platanen im Leidsebosje. Der Knirps war nicht das erste Kunstwerk, das wie aus dem Nichts in der Stadt auftauchte. Sieben Jahre zuvor stand an der Marnixstraat plötzlich die Figur eines Mannes mit Geigenkasten, der zur Straßenbahn spurtet. Seinen spektakulärsten Coup landete der unbekannte Bildhauer 1991 im Foyer des Stadthauses: Eines Morgens fand sich dort das Bildnis eines Violinenspielers, der aus dem Boden hervorzubrechen scheint. Die Stadtverwaltung, die bei den ersten Statuen noch von einem unbekannten Künstler gesprochen hatte, erklärte nun, bei dem Bildhauer handele es sich um einen Mediziner, der anonym bleiben wolle. Diese Einlassung warf erst recht Fragen auf: Warum sollte ein unbekannter Hobbykünstler sich an derart prominenter Stelle verewigen dürfen?

Im Stadtbild sind seitdem weitere Kunstwerke aufgetaucht. Auch ein Name kursiert: Floris de Graaf soll der Künstler heißen. Hartnäckig hält sich aber auch das Gerücht, niemand Geringeres als die ehemalige Königin Beatrix stecke in Wahrheit hinter den Kunstwerken. Anhänger dieser Theorie argumentieren damit, dass die Stadtverwaltung es wohl nur einer sehr einflussreichen Persönlichkeit erlauben würde, den Boden des Stadthauses aufzureißen. Außerdem ist bekannt, dass Beatrix eine begabte Bildhauerin ist. Und kann es wirklich Zufall sein, dass der kleine Säger ausgerechnet am Morgen des 30. Januar, an Beatrix' Geburtstag, auftauchte?

**▶ Wer den kleinen Baumsäger gefunden hat, kann an der Kleine-Gartmannplantsoen gleich weitersuchen: In dieser Grünanlage gibt es insgesamt 40 bronzene Echsen zu entdecken.**

**Het Zagertje** steht im Leidsebosje auf dem untersten Ast der großen Platane, die kurz vor der Einmündung des Leidseplein in die Stadhouderskade auf der rechten Seite steht.

# 58 Petronellas Puppenhaus

*Mein Haus, mein Auto, mein Boot – mit solchen Statussymbolen versucht heutzutage manch einer, Eindruck zu schinden. Wer im Goldenen Zeitalter zeigen wollte, dass Geld für ihn keine Rolle spielte, ließ sich ein mannshohes Puppenhaus bauen. Ein besonders schönes Exemplar zählt zu den Prunkstücken des frisch renovierten Rijksmuseums.*

**Das wollte sich Königin Beatrix** dann doch nicht nehmen lassen: Die feierliche Wiedereröffnung des Rijksmuseums nach zehn Jahren Restaurierung war einer ihrer letzten öffentlichen Auftritte, bevor sie Ende April 2013 die Krone an ihren Sohn Willem-Alexander weitergab. Den spanischen Architekten Cruz y Ortiz ist das Kunststück gelungen, den Prachtbau in seinen prunkvollen Urzustand zurückzuversetzen. Bemerkenswert ist auch das neue Konzept des Museums: Die Besucher erwartet in den 80 nach Epochen gegliederten Räumen eine spannende Zeitreise durch 800 Jahre niederländische Geschichte. In jedem Saal zeichnet eine überschaubare Anzahl ausgewählter Exponate zusammen ein Bild der jeweiligen Zeit.

**▶ Das Haus am Willemsparkweg 113, in dem einst der erste Direktor des Rijksmuseums residierte, ist heute ein stilvolles Boutiquehotel (www.museumsuites.com).**

In einem der Säle steht das Puppenhaus der Petronella Oortman, an dem die reiche Patrizierin beinahe ein Vierteljahrhundert gearbeitet hat. Mit diesem detailverliebten Idealbild eines Hausstandes hat nie ein Kind gespielt; es war ein reines Statussymbol, das Besuchern stolz vorgeführt wurde. Die handbemalten Teller aus Porzellan ließ Petronella eigens in China herstellen. Winzige Tische und Stühle aus edlen Hölzern, echte Gemälde und kostbare Stofftapeten schmücken die Räume, die Miniaturservietten wurden auf Maß gewebt. Auf dem Dachboden hängt Wäsche zum Trocknen, in der Küche baumelt ein Vogelbauer von der Decke. Am Ende hatte das Puppenhaus zwischen 20 000 und 30 000 Gulden verschlungen – so viel wie ein echtes, großes Grachtenhaus.

**Puppenstuben im Rijksmuseum** · Tgl. 9–17 Uhr · Museumstraat 1 · 1071 XX Amsterdam · Tel. 020/674 70 00 · www.rijksmuseum.nl

Nach zehnjähriger Restaurierung erstrahlt das Rijksmuseum in neuem Glanz.
Schildpattintarsien zieren das Gehäuse des Puppenhauses von Petronella Oortman.

Gleich geht's los! Der Friday Night Skate führt kreuz und quer durch die Stadt.

# Auf schnellen Rollen durch die Nacht

59

*Es war ein schöner Frühlingstag im Jahre 1997, als drei Freunde gemächlich durch den Vondelpark skateten. Einer hatte davon gehört, dass sich in Kalifornien Skater regelmäßig am Freitagabend zu gemeinsamen Touren trafen. »Das ist ja mal 'ne gute Idee«, waren sich Yuri, Chris und Alice einig. Und so kamen die Dinge ins Rollen …*

**Anfangs waren es nur eine Handvoll Freunde**, die auf wechselnden Routen durch die Stadt rollten. Nach und nach kamen immer mehr Skater dazu. Im Sommer 1998 berichteten die Zeitungen über das neue Phänomen. Daraufhin kletterte die Zahl der Teilnehmer bis September auf über 500. Die lose Verabredung unter Freunden hatte sich zu einem Event gemausert, das seit Oktober 1998 von einer Stiftung, der Stichting Skate!, organisiert wird. Wenige Monate später, an einem denkwürdigen Januarabend, rollten dann mehr als 3000 Skater durch die Straßen.

Treffpunkt für die nächtliche Ausfahrt ist die runde Bank neben dem Vondelparkpavillon. Jeden Freitagabend um 20.30 Uhr geht es los – allerdings nur, wenn die Straßen trocken sind. Auf der Internetseite wird freitags bekanntgegeben, ob die Tour stattfindet. Die anspruchsvollen, wöchentlich wechselnden Routen führen etwa zwanzig Kilometer weit durch die Stadt. Gut zwei Stunden dauert das Sightseeing auf Rollen. Teilnehmen darf jeder geübte Skater, kostenlos und ohne Voranmeldung. Einzige Voraussetzung: Man sollte zügig fahren und gut bremsen können. Wer noch zu unsicher auf den Rollen ist, wird notfalls auch unterwegs gebeten, die Tour zu verlassen. Außerdem raten die Veranstalter dringend zu Helm und Gelenkschützern. Für den Fall, dass unterwegs doch mal etwas schiefgeht, begleiten seit 1997 ehrenamtliche »Flying Nurses« auf Inline-Skates die Tour und verarzten kleinere Blessuren am Wegesrand.

▶ **Kleine Stärkung gefällig? Das Café Vondelpark/3 Bar & Kitchen im historischen Vondelparkpavillon ist nur einen Steinwurf vom Startpunkt des Friday Night Skate entfernt (www.unlimitedlabel.com).**

**Friday Night Skate** · Fr 20 Uhr (Treffen), 20.30 Uhr (Abfahrt) · Vondelpark (vom Eingang an der Roemer Visscherstraat geradeaus) · info@fridaynightskate.nl · www.fridaynightskate.com

60

# Crowdfunding anno dazumal

*So manches ambitionierte Projekt ist schon an der mangelnden Finanzierung gescheitert. Auch für die Vondelkerk sah es anfangs nicht gut aus. Doch der Bau dieser Kirche war für Pierre J. H. Cuypers eine echte Herzensangelegenheit. Und so fand er eine pfiffige Lösung, um das nötige Geld doch noch aufzutreiben.*

**Von allen Kirchen**, die er im Laufe seines Lebens baute, werde – so schrieb Cuypers einmal – die Vondelkerk »in meinem Herzen stets den liebsten Platz einnehmen«. Auf Anraten seines Schwagers war der aufstrebende Architekt 1865 nach Amsterdam übersiedelt, wo er später das Rijksmuseum und den Hauptbahnhof bauen sollte. Zunächst aber betätigte er sich als Projektentwickler: Westlich des Grachtengürtels hatte eine Gruppe wohlhabender Bürger den Vondelpark anlegen lassen. Cuypers beantragte die Genehmigung, entlang des Parks eine Straße anzulegen. An dieser errichtete er eine Reihe eleganter Stadtvillen, die anschließend verkauft wurden. Er selbst wohnte mit seiner Familie ebenfalls hier.

Von seinem Haus aus hatte Cuypers einen guten Blick auf die von ihm entworfene Vondelkerk, deren Bau auf seine Initiative zurückging. Nur ein Jahr nach der Grundsteinlegung am 1. März 1872 ging das Geld für den Bau aus. Zu diesem Zeitpunkt waren lediglich Apsis und Chor fertig; der Rest bestand aus einem hölzernen Behelfsbau, in dem aber schon Gottesdienste gehalten wurden. Um das Geld für den Weiterbau aufzutreiben, wurde eine landesweite Lotterie veranstaltet, für die zahlreiche Künstler und Prominente Preise stifteten: Königin Sophie stellte einige elegante Lampen zur Verfügung, Papst Pius IX. eine Kamee. Der Hauptgewinn war ein Kaminaufsatz, entworfen von dem französischen Künstler Viollet-le-Duc. Die Lose kosteten einen Gulden; der Gesamterlös von 45 000 Gulden reichte, um die Kirche fertigzustellen. Ende der 1970er-Jahre wegen Baufälligkeit vom Abriss bedroht, beherbergt Cuypers Lieblingskirche nach einer umfassenden Restaurierung heute unter anderem eine Werbeagentur.

**Vondelkerk (eigentlich Kerk van het Allerheiligst Hart van Jezus)** · Nur von außen zu besichtigen · Vondelstraat 120 · 1054 GS Amsterdam

Auch wenn die Kirche eigentlich keine mehr ist: Heiraten kann man hier immer noch.

Alles so schön bunt hier! So kann ein Friseursalon auch aussehen.

# Schräg, schrill, unverwechselbar

61

*Kommt ein Punk zum Friseur … Hört sich an wie ein Witz, ist aber keiner. In Eindhoven eröffnete 1984 der erste Kinki Kapper, ein Friseursalon der betont anderen Art. Hier wurden Frisuren gestylt, die sonst niemand hatte. Bis heute haben die Kinki-Friseure ihren eigenen Kopf – und mittlerweile über 40 Filialen.*

**Wilde Zeiten waren das damals**. Im Radio liefen Frankie goes to Hollywood, Depeche Mode und Duran Duran. Modische Must-haves waren Overalls mit wilden Grafittimustern und bunte Nietengürtel. Netzunterhemden waren gesellschaftsfähig, und die *Bravo* druckte eine Schritt-für-Schritt-Anleitung zum wilden Auftoupieren der Frisur für jeden, der »Bock hat, mal so richtig ausgeflippt auszusehen«. Ja, so sprach man damals, als der Eindhovener Friseur Michael Dingarten eine Marktlücke entdeckte: Friseure, die sich nicht auf das klassische »Waschen, Fönen, Legen« beschränkten, sondern auch Irokesenschnitte machten und punkige Hahnenkämme färbten. Diesen Bedarf deckte Dingarten mit dem größten Vergnügen: »Auf der Suche nach den schönsten Frisuren machten wir, was wir wollten. Was wir gut fanden. Was eigentlich nicht ging.« Seinen unkonventionellen Salon nannte er Kinki, was im Amsterdamer Slang soviel wie »spannend« bedeutet. Das Konzept kam an; inzwischen gibt es über 40 Filialen im In- und Ausland.

**▶ Im äthiopischen Restaurant Lalibela, gleich um die Ecke in der Eerste Helmersstraat 249, wird traditionell mit den Fingern gegessen (www.lalibela.nl).**

Dass es bei den Kinki Kappers etwas unkonventioneller zugeht, merkt man auch in der Filiale am Overtoom: Nackte Backsteinwände und ein Klinkerfußboden im Fischgrätmuster verströmen industriellen Charme, die Musik ist lauter als in anderen Salons und die Köpfe der Mitarbeiter bunter. Wer sich verschlungene Muster ins kurzgeschorene Haupthaar rasieren lassen möchte, ist hier an der richtigen Adresse. Doch in den knallbunten Sesseln nehmen auch überraschend viele »Normalos« Platz.

**Kinki Kappers** · Mo–Mi 10–19, Do–Fr 10–21, Sa 10–18 Uhr · Overtoom 245 · 1054 HW Amsterdam · Tel. 020/689 45 53 · www.kinki.nl

# 62 Ein Picasso auf der grünen Wiese

*Kleine Geschenke erhalten die Freundschaft, weiß der Volksmund. Große erst recht, mag sich der spanische Künstler Pablo Picasso gedacht haben, als er der Stadt Amsterdam eine acht Meter hohe Skulptur verehrte. Ist es ein Fisch? Ist es ein Vogel? Egal, es ist jedenfalls ein echter Picasso, der da im Vondelpark auf der grünen Wiese steht.*

**Der Anlass für das großzügige Präsent** war ein runder Geburtstag: Die Stadt Amsterdam feierte 1965 das hundertjährige Bestehen des Vondelparks mit einer internationalen Kunstausstellung, in deren Rahmen auch die monumentale Betonskulptur *L'Oiseau* (»Der Vogel«) gezeigt wurde. Pablo Picasso hatte einen Entwurf auf Blech skizziert und den norwegischen Künstler Carl Nesjar mit der Umsetzung beauftragt. Das Kunstwerk, eine ausgesägte Kontur aus dunkel gesprenkeltem Beton mit eingravierten Linien, zeigt eine abstrakte Vogelfigur. Dass Picasso das Bildnis der Stadt schenkte, geht auf die freundschaftliche Beziehung des Künstlers zu Willem Sandberg zurück, dem legendären ehemaligen Direktor des Stedelijk Museum. An die Schenkung knüpfte der Künstler lediglich eine Bedingung: Das Werk sollte dauerhaft an seinem Standort im Vondelpark gezeigt werden.

Knapp dreißig Jahre später ging ein Rauschen durch den Blätterwald: Für eine Sanierung des Vondelparks wurde Geld gebraucht und in diesem Zusammenhang dachte eine Stadträtin laut darüber nach, ob man vielleicht den Picasso verkaufen könne. Daraufhin brach ein Sturm der Entrüstung los und die Politikerin ruderte eilig zurück. Seitdem steht das Standbild unbehelligt an seinem Platz, dient manchmal Hobbyfußballern als Torpfosten und inspirierte den Dichter Tom van Deel zu einem Gedicht: »Beton bin ich, der auffliegen will, eine Zeichnung, aufrecht hingestellt im Park, von der Sonne beschienen …« Der Vondelpark hat übrigens noch mehr zu bieten: Im Park nistet regelmäßig ein Storchenpaar; weitere Publikumsmagnete sind die Freiluftbühne und die tollen Kinderspielplätze.

**Picasso-Skulptur L'Oiseau · Vondelpark** · Amsterdam · Der Weg vom Eingang Emmastraat quer durch den Park Richtung Kattenlaan führt an der Picassoweide entlang.

Malerisch ist der Vondelpark allemal – und einen echten Picasso gibt's hier auch.

63

# Vom Sternekoch zum Hotdog-Verkäufer …

**Ron Blaauw hatte die Nase voll**. Er wolle seine Freiheit zurück, er wolle einfach wieder nur kochen, diktierte der Starkoch den Reportern in die Blöcke. Ende März 2013 machte der Küchenchef seinen Gourmettempel Ron Blaauw zu und eröffnete ihn kurz darauf wieder als Ron Gastrobar. Die Karte umfasst 25 Gerichte für je 15 Euro. Basta! Dass ihn dieser radikale Kurswechsel seine beiden Michelin-Sterne kosten könnte, nahm Blaauw in Kauf. Im Frühjahr 2014 setzte der rebellische Koch noch eins drauf: Im In-Viertel De Pijp, an der Ruysdaelkade 251, eröffnete er The Fat Dog, eine Hotdog-Bar. Zu den Wurstbrötchen wird auf Wunsch Champagner gereicht.

**Ron Gastrobar** · Lunch Mo–Fr 12–14.30, Dinner Mo–Fr ab 17.30, Sa ab 17 Uhr, So ab 12 Uhr durchgehend geöffnet · Reservierung möglich, aber nicht erforderlich · Sophialaan 55 hs · 1075 BP Amsterdam · Tel. 020/496 19 43 · www.rongastrobar.nl

64

# Alles einsteigen, bitte!

**Klingelingeling**! Die sonntägliche Nostalgietour mit der elektrischen Museumsstraßenbahn beginnt. Um die Jahrhundertwende löste in Amsterdam »die Elektrische« die von Pferden gezogene Tram ab. Von Ende April bis Ende Oktober verkehren einige dieser einst hochmodernen Straßenbahnen nun auf einem stillgelegten Streckenabschnitt. Von der imposanten Haarlemmermeerstation führt der Weg entlang des Naherholungsgebiets Amsterdamse Bos bis in das kleine Dörfchen Bovenkerk bei Amstelveen und zurück. Eine Gruppe von Straßenbahnenthusiasten hält die historischen Gefährte, die ursprünglich unter anderem durch Amsterdam, Wien oder Prag rollten, liebevoll in Schuss.

**Electrische Museumtramlijn Amsterdam** · Ende April–Ende Oktober So 11–17 Uhr · Haarlemmermeerstation/Amstelveenseweg 264 · 1075 XV Amsterdam · Tel. (nur So 11–17 Uhr) 020/673 75 38 · www.museumtramlijn.org

Diese Straßenbahn aus dem Jahr 1927 fuhr einst durch Den Haag.

Ein Denkmal erinnert an Samuel Sarphati, den »Begründer des Neuen Amsterdams«.

# Ein Denkmal für den Gründer der Müllabfuhr

65

*Zu Beginn des 19. Jahrhunderts bot Amsterdam ein trauriges Bild. Die Metropole war übervölkert und heruntergekommen, die Zustände in den Arbeiterwohnvierteln eine Katastrophe. Der jüdische Arzt Samuel Sarphati konnte dieses Elend nicht mit ansehen und fing an, seine Stadt umzukrempeln.*

**Samuel Sarphati war seiner Zeit weit voraus**. Während seine Zeitgenossen die immer wieder auftretenden Epidemien in den Armenvierteln als schicksalhaft hinnahmen, setzte sich der Sozialreformer energisch für eine Verbesserung der Lebensverhältnisse in den Elendsvierteln ein. Als erstes rückte der Arzt, der in eine der vornehmsten jüdischen Familien der Stadt eingeheiratet hatte, dem Abfallproblem zu Leibe: 1847 rief er die erste Müllabfuhr Amsterdams ins Leben. 1855 gründete der umtriebige Mediziner eine Brotfabrik, in der gutes Brot preisgünstig hergestellt wurde. Seinen Ruf als »Begründer eines neuen Amsterdams« erwarb er sich durch den Bau des Palais voor Volksflijt. Dieser »Palast des Volksfleißes« sollte dem Erfahrungsaustausch und der Fortbildung dienen und so die Wirtschaft ankurbeln. Das Kongressgebäude mit der riesigen gläsernen Kuppel wurde 1864 eingeweiht. Nur zwei Jahre später starb Sarphati völlig überraschend nach kurzer Krankheit. »Amsterdam und das ganze Land haben einen ihrer nützlichsten Bürger verloren«, würdigte Johan Rudolf Thorbecke, der Vater der niederländischen Verfassung, Sarphatis Verdienste.

1886 setzten die dankbaren Bürger Sarphati in einem nach ihm benannten Park ein Denkmal. Während der deutschen Besatzung wurde die Büste des Juden Sarphati entfernt und der Park umbenannt. Doch nur wenige Tage nach Kriegsende kehrten Denkmal und Name zurück. In einem Pumpengebäude am Westeingang ist seit 2001 das Nachbarschaftsprojekt Het Groen Gemaal ansässig, das sich an der Instandhaltung des Parks beteiligt, gärtnernde Anwohner mit Rat und Tat unterstützt und zum Pflanzen-, Samen- und Stecklingtausch einlädt.

**Sarphatipark/Het Groen Gemaal** · In der Regel Di–Fr 13–17 Uhr · Sarphatipark, Eingang gegenüber der Eerste Jan van der Heijdenstraat · 1073 Amsterdam · Tel. 020/664 13 50 · www.sarphatipark.wordpress.com

66

# Vertrauen als Geschäftsgrundlage

*Der Businessplan klingt ziemlich unglaublich: Man eröffne ein gemütliches Lokal in guter Lage im hippen Viertel De Pijp, offeriere leckere Speisen und Getränke und überlasse den Gästen selbst, wie viel sie am Ende zahlen wollen. Kann das funktionieren? Die Macher von Trust lassen es seit Herbst 2013 darauf ankommen – mit Erfolg.*

**Die Idee, beim Bezahlen auf die Fairness der Kunden zu setzen**, ist nicht neu: Sie bewährt sich zum Beispiel bei den Sonnenblumenfeldern zum Selberschneiden und den Selbstbedienungsständen am Straßenrand, wo Obst und Gemüse zum Kauf angeboten werden. Hier ist offenbar am Ende des Tages genug Geld in der (sicherheitshalber fest montierten) Kasse. Mit dem Trend zum sozialen Unternehmertum schwappte dieses Geschäftsmodell auf die Gastronomie über. Die amerikanische Non-Profit-Organisation One World Everybody Eats verzeichnete 2014 auf ihrer Internetseite landesweit knapp fünfzig solcher Initiativen, viele davon mit karitativem Hintergrund.

**▶ Seit gut zwanzig Jahren residiert in einem ehemaligen Badehaus an der Eerste Sweelinckstraat 10 der renommierte Jazzclub De Badcuyp (www.badcuyp.nl).**

Auch in Amsterdam gab es bereits Experimente in dieser Richtung: So bot das Restaurant Moes im Souterrain des Kunstzentrums De Appel eine Zeitlang an jedem ersten Montag im Monat ein vegetarisches Menü an, dessen Preis die Gäste selbst festlegen durften. Die Gründer von Trust gehen noch einen Schritt weiter: Auf ihrer Speisekarte stehen gar keine Preise. Jeder Gast soll so viel zahlen, wie ihm oder ihr das Essen wert war – nicht mehr und nicht weniger. Statt nach Gewinn zu streben, wollen die Macher ihre Mitmenschen einfach mit Essen, Kunst und Freude versorgen. Spenden oder Mitarbeit sind willkommen. Getragen wird das Projekt von der Trust Foundation, einer Stiftung, deren Zweck nach eigener Darstellung hauptsächlich in dem gemeinsamen Streben danach besteht, grundlos glücklich zu sein.

**Trust** · Nach Angaben der Betreiber »geöffnet, wenn nicht geschlossen« · Albert Cuypstraat 210 · 1073 BM Amsterdam · Tel. 020/737 15 32 · www.trustamsterdam.org

So unkonventionell wie die Einrichtung ist auch das Konzept des Cafés Trust.

# 67 Per Tuk Tuk durch die Stadt

*Den Rausch der Geschwindigkeit wird man in diesen putzigen Mini-Mobilen eher nicht erleben, dafür aber jede Menge Fahrspaß auf drei Rädern. Während die Autorikschas in vielen asiatischen Großstädten ein vertrauter Anblick sind, wirken sie vor den eleganten Fassaden der historischen Grachtenhäuser doch ziemlich exotisch.*

**Ihren Namen verdanken die Tuk Tuks** dem charakteristischen Knattern des Zweitaktmotors, mit dem die kunterbunten Flitzer lange ausgerüstet waren. Dass die ulkigen Gefährte auch durch Amsterdam brausen, geht auf Geert Kloppenburgs Konto. Bei einem Urlaub in Thailand verfiel er 2005 dem Charme der dreiräderigen Wägelchen. Zusammen mit seinem Jugendfreund Martijn Beversluis importierte er die ersten beiden Exemplare, verkaufte sie und investierte den Gewinn umgehend in weitere Tuk Tuks. Die beiden Jungunternehmer hatten vor, die kleinen, wendigen Tuk Tuks als preiswerten Taxiersatz zu etablieren. Gesagt, getan: Binnen kurzer Zeit rollten rund fünfzig der kleinen Flitzer durch Amsterdam, Rotterdam und Den Haag. Die findigen Gründer nahmen postwendend das nächste Projekt in Angriff: In Zusammenarbeit mit der Technischen Universität Delft entwickelten sie ein umweltfreundliches, emissionsfreies und flüsterleises Tuk Tuk mit Elektroantrieb, das erste rollte 2009 vom Band. Neben den klassischen Dreisitzern umfasst das Sortiment der TukTuk Factory mittlerweile auch eine e-Tuk-Limo(usine) mit sechs Sitzplätzen.

Beim Schwesterunternehmen TukTuk Company können Paare und Gruppen Stadtrundfahrten buchen, wahlweise mit dem klassischen oder einem elektrisch betriebenen Tuk Tuk und auf Wunsch auch mit einem Deutsch sprechenden Fahrer. Während der Chauffeur durch die Stadt navigiert, können sich die Passagiere entspannt zurücklehnen, durch die offenen Seiten des Gefährts die Aussicht genießen und den vielen Leuten zurückwinken, die das putzige Gefährt im Vorbeifahren grüßen. Die Touren starten immer samstags am Restaurant Oude Waag am Nieuwmarkt.

**TukTuk Company B.V.** · Klokkenbergweg 17 · 1101 AK Amsterdam · Tel. 088 885 0 885 · www.tuktukuitjes.nl

Dreirad mit Aussicht: Die eigenwilligen Gefährte sind fürs Sightseeing ideal.

Selten entfaltet Kunst am Bau eine so durchschlagende Wirkung wie hier …

# Straßenkampf am Blauen Montag

68

*Stadtentwicklung mit der Abrissbirne war in den 1970er-Jahren vielerorts an der Tagesordnung. Amsterdam machte da keine Ausnahme. Für den Bau einer U-Bahnstrecke wurden ganze Straßenzüge mit historischem Baubestand plattgemacht. Der Widerstand der Anwohner gipfelte schließlich in Straßenschlachten auf dem Nieuwmarkt.*

**Der 24. März 1975 ist als der Blaue Montag** in die Stadtgeschichte Amsterdams eingegangen – so viel Polizei war an jenem Tag in der Stadt. Mit Schlagstöcken, Tränengas und Wasserwerfern gingen die Ordnungshüter rund um den Nieuwmarkt gegen Demonstranten vor, aus deren Reihen Steine flogen. Der Protest richtete sich gegen den Abriss von Wohnhäusern, die dem geplanten Bau der U-Bahnstrecke Oostlijn weichen sollten. Der Mangel an bezahlbarem Wohnraum war zu dieser Zeit dramatisch, viele Häuser waren seit Jahren besetzt. Die Proteste waren eskaliert, als die Polizei mit der Räumung der besetzten Häuser begann. Weder die Krawalle noch eine Bombendrohung konnten den U-Bahn-Bau letztlich verhindern. Der massive Protest führte aber dazu, dass der Plan, oberhalb der Metrotrasse eine vierspurige Schnellstraße anzulegen, in der Schublade verschwand und das historische Huis de Pinto in der Sint Antoniesbreestraat der Abrissbirne entging.

Beim Bau der Metro wurde ein Prozent der Bausumme für die künstlerische Ausgestaltung der Stationen reserviert. Am Nieuwmarkt erinnern seitdem fünf Arbeiten eines Künstlerkollektivs an die als Nieuwmarktrellen bekannt gewordenen Proteste – Abrissbirne inklusive. 2012 sollten mehrere Metrostationen, darunter die am Nieuwmarkt, modernisiert werden. Als dabei der Fortbestand der Kunstwerke infrage gestellt wurde, gingen die Anwohner prompt wieder auf die Barrikaden, gründeten eine Bürgerinitiative und sammelten Unterschriften. Zu Ausschreitungen kam es diesmal nicht. Der Bürgerprotest hatte Erfolg. Im September 2012 meldete die Zeitung *Het Parool*: Die Kunstwerke bleiben.

**Metrostation Nieuwmarkt** · Zugang nur mit gültigem U-Bahn-Ticket · Nieuwmarkt 1 · 1011 ME Amsterdam · Kundenservice Verkehrsbetriebe Tel. 020/460 60 60 · www.gvb.nl

# 69 Wo Rembrandt noch etwas lernen konnte

*Acht Männer scharen sich um einen leblosen Körper, dessen Muskeln teilweise freigelegt sind. Wer Rembrandts berühmtes Bild »Die Anatomiestunde des Dr. Nicolaes Tulp« betrachtet, hat das Gefühl, dem Maler direkt über die Schulter zu schauen. Die beklemmende Szene, die Rembrandt hier festhielt, hat sich am Nieuwmarkt abgespielt.*

**Das imposante Gebäude mitten auf dem Neumarkt** wurde im 15. Jahrhundert als Stadttor errichtet, verlor aber durch die Stadterweiterung im 17. Jahrhundert seine Funktion und wurde zur öffentlichen Waage umgewidmet. Im oberen Stockwerk hatten verschiedene Gilden ihre Versammlungsräume. Über den Eingangstüren prangen bis heute die verschiedenen Zunftzeichen. Neben der Malergilde, der Rembrandt angehörte, trafen sich auch die Chirurgen hier zweimal pro Woche zu Fortbildungen. Einmal im Jahr fand eine öffentliche Autopsie statt, bei der zu Studienzwecken der Leichnam eines Hingerichteten seziert wurde. Im Januar 1632 wohnte der damals 26-jährige Rembrandt hier der Autopsie des hingerichteteten Straßenräubers Adriaen Kindt bei und bannte sie auf die Leinwand: Der Dozent, Dr. Nicolaes Tulp, demonstriert seinen Zuschauern anhand des Leichnams gerade die Funktionsweise der Armmuskulatur. Das Gemälde, das heute im Mauritshuis in Den Haag hängt, war einer der ersten großen Aufträge Rembrandts.

**▶ Im Jahre 1639 ließ sich Rembrandt mit seiner Familie in der Jodenbreestraat 4 nieder. Das Haus, in dem er seine glücklichsten Jahre verbrachte, ist heute ein Museum (www.rembrandthuis.nl).**

Im 19. Jahrhundert wurden die Gilden aufgelöst. Die ehemalige Waage diente danach unter anderem noch als Feuerwache und Gemeindearchiv, beherbergte erst das stadthistorische, dann das Museum für jüdische Geschichte. Heute nutzt eine Non-Profit-Organisation das Obergeschoss. Im Erdgeschoss befindet sich ein stimmungsvolles, von Hunderten von Kerzen beleuchtetes Café-Restaurant.

**Restaurant-Café In de Waag** · Tgl. ab 9 Uhr, Lunch 10–16, Dinner 17–22.30 Uhr · Nieuwmarkt 4 · 1012 CR Amsterdam · Tel. 020/422 77 72 · www.indewaag.nl

Der berühmte Maler Rembrandt wohnte unweit der Waage und ging hier ein und aus.

# 70 Über allen Wipfeln – läufst du!

*Wer sich schon immer zu Höherem berufen fühlte, sollte einen Besuch in Amsterdams Botanischem Garten in Erwägung ziehen. Auf einer Laufbrücke kann man dort im größten der Gewächshäuser zwischen den Baumwipfeln herumlaufen. Doch auch wer mit beiden Füßen auf dem Boden bleibt, kommt im Hortus Botanicus auf seine Kosten.*

**Um ein Haar wäre Schluss gewesen** mit der grünen Pracht. Der Hortus Botanicus, vom Magistrat der Stadt 1638 als Heilkräutergarten zur Ausbildung von Ärzten und Apothekern gegründet, stand 1986 vor dem Aus. Die Universität von Amsterdam hatte die traditionsreiche Ausbildungsstätte als nicht mehr zeitgemäß deklariert und kurzerhand geschlossen. Einige Gebäude waren schon abgerissen, als es der Vereinigung Vrienden van de Hortus gelang, das Ruder doch noch herumzureißen. Zum Glück, denn die grüne Oase beherbergt eine ganze Reihe botanischer Kostbarkeiten, da-

Das historische Palmenhaus aus dem Jahr 1912 steht unter Denkmalschutz.

runter auch extrem seltene Gewächse wie die Wollemie. Unter solchen Nadelbäumen gingen vor Urzeiten schon die Dinosaurier spazieren. Auch Nachkommen jener Kaffeepflanzen sind hier zu sehen, die, in Amsterdam gezüchtet und an den französischen König verschenkt, den Grundstein für den Kaffeeanbau in Süd- und Mittelamerika legten. Und wenn einmal im Jahr eine der seltenen Riesenseerosen nachts ihre Blüten entfaltet, strömen die Besucher sogar zu später Stunde herbei.

**Im von Ehrenamtlichen betriebenen Laden wird neben Sämereien, Pflanzen und Gartenzubehör manchmal sogar Honig von den im Hortus beheimateten Bienenvölkern angeboten.**

Der Botanische Garten bekam eine zweite Chance – und ein spektakuläres neues Gewächshaus, das drei Klimazonen umfasst. Um die Kosten gering zu halten, setzten die Architekten vom Büro Zwarts & Jansma das filigrane Gebilde aus Fertigelementen aus dem Gärtnereibedarf zusammen. Für den geplanten Steg durch die Baumwipfel langte das Geld trotzdem nicht. Die Architekten selbst trieben schließlich die Mittel auf, um diesen abgehobenen Plan doch noch verwirklichen zu können.

**Hortus Botanicus Amsterdam** · Mo–Sa 10–17, So 10–19 Uhr · Plantage Middenlaan 2a · 1018 DD Amsterdam · Tel. 020/625 90 21 · www.dehortus.nl

# 71 Kommt ein Pinguin in die Kneipe …

*Angeblich sind die Amsterdamer Grachten drei Meter tief: ein Meter Schlamm, ein Meter Fahrräder, ein Meter Wasser. Ob das stimmt? Im Aquarium des Tierparks Artis kann man sich mit eigenen Augen ein Bild von der Amsterdamer Unterwasserwelt machen. Hätten Sie gedacht, dass es hier genauso international zugeht wie über Wasser?*

**Ein Karpfen zieht majestätisch vorbei**. Barsche und Brassen fühlen sich im Grachtenwasser genauso wohl wie die Einwanderer: die chinesische Wollhandkrabbe etwa oder der amerikanische Flusskrebs. Das 15 Meter lange Becken mit dem Nachbau einer Amsterdamer Gracht ist eine der Attraktionen im Aquarium des Amsterdamer Zoos. Artis Natura Magistra heißt dieser älteste Tierpark der Niederlande. Er ging aus einer 1838 von drei naturliebenden Bürgern gegründeten zoologischen Gesellschaft hervor, die anfangs nur ein paar ausgestopfte Tiere sowie ein paar Äffchen und Papageien ihr Eigen nannte. Durch den Ankauf einer kompletten Menagerie wurde dann ein richtiger Zoo daraus. Der dehnte sich im Laufe der Zeit immer weiter aus; ein ehemaliges Gasthaus wurde zum Quartier für die Wölfe, ein Wohnhaus zur Ibisvolière.

Hinter jedem Blatt, so heißt es, steckt in Artis eine Geschichte. Zum Beispiel die der zahlreichen Untergetauchten, die während der deutschen Besatzung auf dem weitläufigen Zoogelände eine Zuflucht fanden. Oder die vom legendären Zooinspektor Frits Portielje, einem Autodidakten, der von 1906 bis 1952 im Tierpark arbeitete und aufgrund seines immensen Wissens eine Ehrendoktorwürde erhielt. Oder die vom Hungerwinter 1944/1945, als die Raubtiere Stockfisch fraßen und in den Tropenhäusern Gemüse angebaut wurde. Oder die vom Kneipenwirt aus der Nachbarschaft, der anrief, weil plötzlich ein entlaufener Pinguin vor seiner Theke stand … Übrigens: Lange war Artis nur für Mitglieder geöffnet. Ab 1852 durften im September auch Normalbürger hinein. In diesem Monat gelten bis heute ermäßigte Eintrittspreise.

**Natura Artis Magistra** · 1. März–31. Oktober tgl. 9–18 Uhr, Juni–August Sa bis Sonnenuntergang, 1. November–28. Februar tgl. 9–17 Uhr · Plantage Kerklaan 38–40 · 1018 CZ Amsterdam · Tel. 020/523 34 00 · www.artis.nl

Im Tierpark Artis heißen weit über 700 Arten von Tieren die Besucher willkommen.

Das Widerstandsmuseum versetzt die Besucher in die Zeit der deutschen Besatzung.

72

# Von Flugblättern und Germanenfiltern

*Dieses Museum kennt keine Helden oder Schurken, nur Menschen. Immer wieder stellt es den Besucher vor die eine Frage: Was hättest du getan? Wie hättest du dich verhalten, als deutsche Truppen die Niederlande besetzten? Als die jüdischen Mitbürger immer schlimmer schikaniert wurden? Als die Deportationen begannen?*

**Eleonore Hertzberger und ihrem Mann** war die Flucht in die sichere Schweiz gelungen. Doch die beiden brachen wieder auf. Unter Lebensgefahr schlugen sie sich durch das besetzte Frankreich. Ihr Ziel: England. Dort wollten sie sich dem Widerstand gegen die Deutschen anschließen. Die Bergstiefel, die Eleonore bei der gefährlichen Reise trug, stehen heute im Widerstandsmuseum in Amsterdam. Auch eine Schreibmaschine ist dort ausgestellt. Sie gehörte der Hausfrau Coba Veltman. Als die Kommunistische Partei im Februar 1941 zum Generalstreik aufrief, um gegen die Deportation jüdischer Arbeiter zu protestieren, tippte sie auf dieser Schreibmaschine Handzettel. Beim Verteilen wurde sie verhaftet und kam ins KZ.

**▶ Am Jonas Daniel Meijerplein, neben der Portugiesischen Synagoge, erinnert das Standbild eines Hafenarbeiters an den großen Februarstreik, mit dem die Niederlande gegen den deutschen Terror protestierten.**

Das Verzetsmuseum macht die Lebensumstände in den Niederlanden unter deutscher Besatzung sichtbar und weckt Verständnis für die Menschen, die sich täglich neu entscheiden mussten: Sollten sie sich anpassen oder Widerstand leisten? Viele persönliche Gegenstände und die damit verknüpften Geschichten machen deutlich, wie vielschichtig der niederländische Widerstand war: Manche halfen Menschen beim Untertauchen, andere bastelten sich »Germanenfilter«, Antennen, die die Wirkung deutscher Störsender minderten, und lauschten den Radiobotschaften der Exilregierung in London. Sie alle waren ganz gewöhnliche Menschen, die in schweren Zeiten eine Entscheidung trafen. Am Ende bleibt die Frage: Was hättest du getan?

**Verzetsmuseum Amsterdam** · Di–Fr 10–17, Sa–Mo 11–17 Uhr · Plantage Kerklaan 61 · 1018 CX Amsterdam · Tel. 020/620 25 35 · www.verzetsmuseum.org

# 73 Da ist Musik drin …

*Seit dem Bau des Hauptbahnhofs im ausgehenden 19. Jahrhundert hatte Amsterdam dem Wasser des IJ den Rücken gekehrt. Rund hundert Jahre später hat die Stadt ihr Ufer wiederentdeckt und mit einer Reihe spektakulärer Neubauten wieder in Besitz genommen. Eine dieser neuen Landmarken steht ganz im Zeichen der Musik.*

**Ein nigelnagelneues Haus für neue Musik** hat sich Amsterdam mit dem 2005 eröffneten Muziekgebouw aan 't IJ gegönnt. Im von drei Seiten verglasten, 24 Meter hohen Foyer verschwimmen die Grenzen zwischen drinnen und draußen. Ungehindert fällt der Blick auf das Wasser. Auch das Terrassenrestaurant Zouthaven im Parterre punktet mit einem Panoramablick, über den man beinahe das Essen vergisst (was schade wäre). Das Herzstück des Gebäudes aber ist der große Konzertsaal, dessen Flexibilität weltweit ihresgleichen sucht: Wände, Boden und Türen sind beweglich ge-

Moderne Landmarken am IJ: vorn das Muziekgebouw, dahinter das Mövenpick Hotel.

lagert – von der Raumgröße bis zur Dauer des Nachhalls lässt sich hier so ziemlich alles maßgeschneidert auf das jeweilige Konzert einstellen. Als Box-in-the-box gebaut und mit einer flüsterleisen Lüftung ausgestattet, blendet dieser Klangtempel jedes störende Außengeräusch diskret aus.

Während das traditionsreiche Concertgebouw aufgrund seiner hervorragenden Akustik bei Klassikfans in hohem Ansehen steht, ist der gläserne Würfel im ehemaligen Hafen ein Eldorado für Freunde von zeitgenössischer, moderner und Weltmusik. Doch auch Jazz-, Pop- und Klassikliebhaber kommen auf ihre Kosten. Und als wäre das noch nicht genug, ragt aus der großen gläsernen Schachtel seitlich noch eine kleinere dunkle heraus. Darin verbirgt sich das Bimhuis, ein renommiertes Podium für Jazz und Improvisation. Ziel des Muziekgebouw aan 't IJ ist es, die »Liebe zur Musik mit möglichst vielen Menschen zu teilen«. Eine schöne Möglichkeit, daran teilzuhaben, sind die kostenlosen Lunchkonzerte, die hier regelmäßig stattfinden. Wann und mit welchem Programm, wird auf der Internetseite angekündigt (unter Series en Festivals, Button Lunchconcerten).

**Muziekgebouw aan 't IJ** · Kasse Mo–Sa 12–18 Uhr (Juli/August vier Wochen Sommerpause) · Piet Heinkade 1 · 1019 BR Amsterdam · Tel. 020/788 20 00 · www.muziekgebouw.nl

# 74 Sommerfrische auf der Leuchtturminsel

*Der Begriff »Erlebnisgastronomie« wird ja oft ziemlich strapaziert. Doch ein Abendessen im Restaurant Vuurtoreneiland Amsterdam ist wirklich ein Erlebnis – schon allein, weil hier so wohltuend wenig passiert. Entschleunigung heißt das Zauberwort, das dieses Dinner unvergesslich macht.*

**Wer nicht pünktlich ist, kriegt nichts zu essen**. Das klingt hart, ist aber verständlich. Das Sommerrestaurant Vuurtoreneiland liegt nämlich auf einer Insel im Markermeer bei Durgerdam. Die einzige Möglichkeit, dorthin zu gelangen, ist mit dem restauranteigenen Schiff, das an der Veemkade in Amsterdam ablegt. Wer das Schiff verpasst, hat das Nachsehen. Bis vor kurzem war das Eiland gar nicht öffentlich zugänglich. Vor rund 300 Jahren ließ die Stadtverwaltung von Amsterdam auf der Insel einen Leuchtturm errichten – den ersten und bis heute einzigen Leuchtturm Amsterdams. Ab 1809 wurde das Inselchen militärisch genutzt und war ab 1883 ein Teil der berühmten Stelling van Amsterdam, dem Verteidigungsring rund um die Hauptstadt. Aus dieser Zeit sind noch Reste eines Forts erhalten. Der Wunsch, dieses historische Erbe inmitten ursprünglicher Natur zu erhalten und – in Maßen – der Öffentlichkeit zugänglich zu machen, mündete vor einigen Jahren in einen Ideenwettbewerb. Das Rennen machte schließlich der Vorschlag, in einem temporären Gebäude ein Sommerrestaurant zu etablieren.

Angeboten wird ein wöchentlich wechselndes Table d'hôte-Dinner mit vier Gängen und sonntags ein Lunch. Serviert werden traditionelle Gerichte aus regionalen Zutaten. Im Menüpreis inbegriffen ist die Hin- und Rückfahrt per Boot. Das Sommerrestaurant ist von Mai bis September geöffnet. Pro Abend können maximal 50 Gäste speisen; die Plätze sind stets im Handumdrehen ausgebucht. Mit viel Glück kann, wer mittags anruft, manchmal noch freigewordene Plätze für den gleichen Tag ergattern. Dann heißt es: Pünktlich am Kai stehen!

**Het Zomerrestaurant Vuurtoreneiland** · Ab/an Amsterdam Mi–Sa 18.30/0.00 Uhr, So 15.30/20.30 Uhr · Abfahrt ab Veemkade (gegenüber Lloyd Hotel, s. S. 147) · 1019 BN Amsterdam · Tel. (ab 14, So ab 13 Uhr) (mobil) +31 6 15 58 38 38 · www.vuurtoreneiland.nl

Das Sommerrestaurant eröffnet zu allen Seiten den Blick in die Natur.
Die Insel verdankt ihren Namen dem 1893 errichteten Leuchtturm.

Als Auswandererunterkunft errichtet, bot das Lloyd Hotel rund 900 Menschen Platz.

# Von der Auswandererunterkunft zum Trendhotel

75

*Sollte der Zeitgeist je in einem Hotel absteigen, wäre es wohl dieses: Das originelle Lloyd Hotel ist nicht nur von A bis Z von bekannten Designern durchgestylt. Als erstes Hotel der Welt bietet es auch alles, vom Ein-Sterne-Kämmerchen bis zur üppigen Fünf-Sterne-Suite, unter einem Dach. Keiner der 117 Räume gleicht dem anderen.*

**Zwischen Hoffen und Bangen** bewegte sich vermutlich die Gemütslage der ersten Gäste, die hier Quartier nahmen, denn sie sollten bald darauf die Reise in eine ungewisse Zukunft antreten. Die Schiffahrtsgesellschaft Koninklijke Hollandsche Lloyd (KHL) hatte den imposanten Bau 1921 als Auswandererherberge errichten lassen. Zwischen den beiden Weltkriegen war Amsterdams Hafen eine wichtige Drehscheibe zwischen Europa, Nord- und Südamerika und Asien. Tausende von Emigranten brachen vor hier aus in ihre neue Heimat auf. Mit dem Neubau des heutigen Lloyd Hotel wollte die KHL im Wettbewerb der Schifffahrtslinien punkten. Doch fünfzehn Jahre nach der Fertigstellung war die Schifffahrtsgesellschaft Pleite. Das monumentale Gebäude tat dann rund fünfzig Jahre lang Dienst als Gefängnis, bevor es im Jahr 2004 – komplett umgekrempelt – als außergewöhnliches Hotel wiedereröffnet wurde.

**▶ Heutzutage gehen die Passagiere unweit des Lloyd Hotels im schicken neuen Passagierterminal an der Piet Heinkade 27 an Bord der riesigen Kreuzfahrtschiffe, die hier festmachen.**

Renommierte Designer gestalteten Räume für jeden Geschmack und Geldbeutel. Wer eines der günstigen, an Schiffskabinen erinnernden Ein-Sterne-Zimmer mietet, teilt sich die Dusche mit anderen, bekommt aber für den Gang über den Flur einen Bademantel gestellt. In den höheren Preisklassen kannte die Fantasie kaum Grenzen: Da gibt es drehbare Wände, eine Schaukel im Dachgebälk und ein XXL-Bett für acht Personen. Das Hotel soll keine schlichte Übernachtungsstätte, sondern ein lebendiger Kulturraum sein, der Menschen mithilfe von Ausstellungen, Performances und Kunstprojekten miteinander ins Gespräch bringt.

**Lloyd Hotel & Cultural Embassy** · Oostelijke Handelskade 34 · 1019 BN Amsterdam · Tel. 020/561 36 36 · www.lloydhotel.com

Moderne Architektur entlang der Gracht – die ehemaligen Hafeninseln blühen auf.

# Das Baumhaus auf der Architektenspielwiese

76

*An manchen Tagen schwärmen Busladungen von Touristen auf den östlichen Hafeninseln aus. Vor allem für Architekturbegeisterte ist dieser Ausflug ein Pflichttermin. Insbesondere eine Straße zieht die Besucher magnetisch an, denn hier findet auf wenigen hundert Metern ein regelrechtes »Schaulaufen« der Architektur statt.*

**Das frühere Hafenterrain** hat eine erstaunliche Metamorphose durchgemacht. Auf den künstlich angeschütteten Inseln, auf denen früher Lagerschuppen und Kräne standen, sind in den letzten zwanzig Jahren eine Reihe neuer Wohnviertel entstanden. Für die Inseln Borneo und Sporenburg, wo die Stadtplaner eine niedrige, aber hoch verdichtete Bebauung vorsahen, wurde eigens ein neuer Typus von kompakten Reihenhäusern entwickelt. Viel bestaunt wird der von Frits van Dongen entworfene Wohnblock *The Whale* auf Sporenburg, der wie ein silbrig schimmernder Walfisch im Häusermeer zu schwimmen scheint. Auch das Reihenendhaus *Borneo Sling* am P. Dijkstraplein mit seinen auskragenden gläsernen »Wohnboxen« ist eine häufig fotografierte Adresse.

**▶ Signalrote Brücken verbinden Sporenburg und Borneo miteinander. Die Fußgängerbrücke am östlichen Ende der Inseln schlängelt sich in besonders wilden Schwüngen über das Wasser.**

Vollends aus dem Häuschen geraten Architekturfans aber in der Scheepstimmermanstraat. Hier wurden seinerzeit 60 Parzellen zur individuellen Bebauung freigegeben. Die Nachfrage war dermaßen groß, dass die Grundstücke schließlich im Losverfahren zugewiesen wurden. Die Bewohner konnten sich ihr ganz eigenes Traumhaus entwerfen lassen. Vorgegeben war nur, dass das Erdgeschoss 3,5 und das gesamte Haus 9,2 Meter hoch sein sollte. Und so wartet der manchmal als »Architektenspielwiese« bespöttelte Straßenzug mit einer Reihe höchst individueller Häuser auf. Eines sieht zum Beispiel aus wie der Buchstabe H (Nr. 62). Der Clou aber ist das Haus Nr. 120, in dessen Innenhof eine haushohe Akazie steht.

**Scheepstimmermanstraat** · Borneo-eiland · 1019 WZ Amsterdam

77

# Lippenstift und Schiffsmotoren

*An historischen Gebäuden herrscht in Amsterdam wahrlich kein Mangel. Doch diese beiden Hallen, die eine historische Werft und ein Schiffsmotorenmuseum beherbergen, haben eine ganz besondere Geschichte. Man könnte sie als ein frühes Beispiel für nachhaltiges Bauen oder als besonders gelungenes Recycling bezeichnen.*

**Der Siegeszug des Lippenstifts begann in Amsterdam**. Auf der Weltausstellung, die im Jahre 1883 auf dem heutigen Museumplein stattfand, präsentierte ein Aussteller aus Paris den Prototypen des Schönheitsutensils, das heute seinen festen Platz in zahllosen Damenhandtaschen hat. Bienenwachs, Hirschtalg und Rizinusöl waren die wichtigsten Zutaten. Die Resonanz war zunächst verhalten, bis die Schauspielerin Sarah Bernhardt dem Zauberstift zum Durchbruch verhalf. Die Weltausstellungen waren auch damals schon internationale Großereignisse, bei denen die teilnehmenden Länder ihre technischen und kunsthandwerklichen Neuheiten präsentierten. Ebenso wie bei der Expo 2000 in Hannover, wurden auch seinerzeit verschiedene Länderpavillons und andere Bauten für die Ausstellung errichtet. Nach dem Ende der Schau wurde das meiste davon wieder abgerissen. Für einen der Pavillons – es war allerdings nicht der mit dem Lippenstift – fand sich jedoch ein Abnehmer: Die Stahlbaukonstruktion der Halle wurde kurzerhand ab- und an der Hoogte Kadijk auf einer künstlichen Insel am Rande des östlichen Hafens wieder aufgebaut.

In diesem Teil der Stadt waren um die Jahrhundertwende noch rund 30 Schiffswerften ansässig. Heute ist allein die Werft 't Kromhout übrig, die den westlichen Teil der Halle noch immer als Helling für Bootsbau und -reparaturen nutzt. Die östliche Hälfte ist mit Glasfronten geschlossen worden und beherbergt eine Sammlung historischer Schiffsmotoren, von der Dampfmaschine über den Petroleummotor bis zum Zwei-Takt- und Vier-Takt-Dieselaggregat. Die ehrenamtlichen Mitarbeiter des Museums setzen die liebevoll instand gehaltenen Ungetüme auch gern mal in Gang.

**Museum 't Kromhout** · Di 10–15 Uhr · Hoogte Kadijk 147 · 1018 BJ Amsterdam · Tel. 020/627 67 77 · www.kromhoutmotorenmuseum.nl

Eine Werft und ein Museum mit Schiffsmotoren teilen sich die historischen Hallen.

Die farbenprächtigen Bollywood-Filme haben längst auch in Europa ihre Fans.
Im Tropenmuseum gibt es viel zu entdecken.

# 78 Zu Fuß auf Weltreise gehen

*Am Anfang stand der ungetrübte Stolz auf die überseeischen Besitzungen im Vordergrund. Das Tropenmuseum wurde 1864 als Kolonialmuseum gegründet, um der einheimischen Bevölkerung die ferne Welt der Kolonien – Suriname, Niederländisch-Indien und die Niederländischen Antillen – ein Stückchen näher zu bringen.*

**Die Zeiten haben sich geändert** und mit ihnen der museale Blick auf die fremden Welten. Statt »von oben herab«, überzeugt von der eigenen Überlegenheit, nähert sich das Museum den Kulturen seinen ehemaligen Kolonien heute in angenehm respektvoller Weise, auf Augenhöhe sozusagen. Dazu passt auch, dass das Tropenmuseum im Frühjahr 2014 mit dem Afrika Museum in Berg en Dal und dem Rijksmuseum Volkenkunde in Leiden zum Nationaal Museum van Wereldculturen fusionierte. Mit vereinten Kräften, so hieß es im Rahmen der Feierstunde, wolle man weiterhin zu einem offenen Blick auf die Welt beitragen.

Im Tropenmuseum weiß man zuweilen nicht, wo man zuerst hinschauen soll. So viel gibt es zu entdecken: Man kann durch den Regenwald schlendern oder einen Blick in ein Sklavenschiff werfen. Man kann der Jukebox in der kleinen Bar Teatro los Heros, der »Heldenbar«, lateinamerikanische Hits entlocken, in detailreichen Guckkästen Szenen aus dem Leben auf den Plantagen betrachten oder im Fernsehen eine ägyptische Vorabendserie oder jemenitische Nachrichten anschauen. Man kann einer Berberroute folgen oder der Geschichte vom mutigen Hanuman und der schönen Sita lauschen, sich vor bemalten Totenköpfen gruseln oder den verloren geglaubten, über fünfzig Jahre verschollenen Kris von Knaud, einen verzierten Dolch, bewundern. Sehens- und hörenswert ist die musikalische Weltkarte, die auf Knopfdruck Musikclips aus aller Welt abspielt. Im Museum der vergessenen Lieder dürfen die Besucher selber singen. Und wer schon immer mal jodeln oder den Sibirischen Kehlgesang erlernen wollte, sollte in der Gesangsschule Station machen.

**Tropenmuseum** · Di–So 10–17 Uhr (Zugang Mixmax Brasil Sa, So und in den Ferien 11–14 Uhr) · Linnaeusstraat 2 · 1092 CK Amsterdam · Tel. 020/568 82 00 · www.tropenmuseum.nl

Zwischen Tradition und Moderne – eine Kundin auf dem Dappermarkt.
Der Markt ist Treffpunkt und Nachrichtenbörse zugleich.

# Wo Multikulti gut funktioniert

79

*Nach der aktuellen amtlichen Statistik leben in Amsterdam 811 185 Menschen aus 178 Nationen, denen für ihre täglichen Einkäufe insgesamt 32 Märkte zur Verfügung stehen. Wer das multikulturelle Amsterdam hautnah erleben und dabei vielleicht auch noch günstig einkaufen möchte, ist auf dem Dappermarkt an der richtigen Adresse.*

**Brillen und Büstenhalter, Gürtel und Gurken** – das Angebot auf dem farbenfrohesten Straßenmarkt der Stadt ist schier überwältigend. Es gibt nichts, was es auf dem Dappermarkt nicht gibt, heißt es. Und wenn es was nicht gibt, dann wurde es noch nicht erfunden. Täglich außer sonntags bauen die rund 260 Marktbeschicker ihre Stände auf. Täglich außer sonntags schlendern rund 15 000 Marktbesucher daran vorbei und bestaunen die bunten Auslagen. In den Duft, der vom Blumenstand herüberweht, mischen sich die Aromen von frisch geräucherten Makrelen und würzigem Käse. An Kleiderbügeln schaukeln bunte Hemden im Wind, nicht weit davon hat sich ein mobiler Schlüsseldienst niedergelassen. Auf einem Stand reckt sich eine ganze Armada unterschiedlich bestrumpfter Plastikbeine keck in die Höhe, darunter stöbert eine Gruppe junger Mädchen mit und ohne Kopftücher kichernd zwischen Leggings und Strumpfhosen.

Der bekannte niederländische Autor Geert Mak hat Amsterdam einmal zur »Welthauptstadt der Toleranz« ausgerufen. Auf dem Dappermarkt macht die Metropole diesem Titel alle Ehre. Der Markt und das umliegende Wohnviertel, die Dapperbuurt, sind nach dem Arzt und Schriftsteller Olfert Dapper benannt, der im 17. Jahrhundert lebte und – obwohl er die Niederlande zeitlebens nie verlassen hat – ein berühmtes Werk mit dem Titel *Beschreibung von Afrika* verfasst hat. Der Dappermarkt ist seit 1910 ein offizieller Straßenmarkt und damit der älteste der Stadt. Zugleich ist er auch einer der beliebtesten: 2006 und 2007 wurde er zum besten Markt der Niederlande gekürt. Wer sich hier um einen festen Standplatz bemüht, braucht Geduld. Die Wartezeit beträgt derzeit mindestens 25 Jahre …

**Dappermarkt** · Mo–Sa 9–17 Uhr · Dapperstraat, zwischen Wijttenbachstraat und Mauritskade · 1093 Amsterdam · www.dappermarkt.nl

80

# Bigi Spikri und Keti Koti

*Vor rund 150 Jahren endete ein dunkles Kapitel der niederländischen Geschichte. Als Kolonialmacht hatten die Niederlande einen schwunghaften Handel mit Sklaven betrieben. In einigen ehemaligen Kolonien wurde die Sklaverei erst am 1. Juli 1863 abgeschafft – dieser Tag wird bis heute gefeiert.*

**Heute würde man den ehemaligen Kolonialbeamten** Eduard Douwes Dekker wohl einen Whistleblower nennen. In seinem stark autobiografisch geprägten Roman *Max Havelaer oder die Kaffeeversteigerungen der Niederländischen Handelsgesellschaft*, den er 1860 unter dem Pseudonym Multatuli veröffentlichte, prangerte Dekker schonungslos die Zustände in den Kolonien an. Das Buch schlug ein wie eine Bombe; der Autor, der in seiner Heimat als Nestbeschmutzer beschimpft wurde, verbrachte die letzten zwanzig Jahre seines Lebens größtenteils in Deutschland. Mit der Abschaffung der Sklaverei in Suriname und auf den Niederländischen Antillen waren die Niederlande 1863 eine der letzten Kolonialmächte, die einen Schlussstrich unter diese menschenverachtende Praxis zogen.

Jedes Jahr am 1. Juli wird in Amsterdam das Keti Koti Festival gefeiert. Keti Koti heißt soviel wie »gesprengte Ketten«. Den Auftakt des internationalen Festes bildet ein Umzug, der durch die Stadt zum Oosterpark führt. Bigi Spikri heißt diese Parade in traditionellen Trachten. Der Name bedeutet in der Sprache Surinames »große Spiegel« und verweist auf einen Umzug in Paramaribo, der Hauptstadt Surinames, bei dem sich die festlich gekleideten Teilnehmer(innen) in den Schaufenstern der Geschäfte widerspiegelten. Nach einer offiziellen Gedenkveranstaltung am Slavernijmonument (Sklavereidenkmal) im Oosterpark steht der Rest des Tages im Zeichen von Tanz und Musik. Dabei sind ausdrücklich alle Nationalitäten willkommen. Ein Teilnehmer sagte einmal: »Hier ist jeder willkommen, der die Freiheit feiern will – die Nachfahren von Sklaven ebenso wie die Nachfahren von Sklavenhaltern.«

**Keti Koti Festival** · Am 1. Juli jeden Jahres · Programm, Termine und der (wechselnde) Startpunkt des Bigi Spikri werden auf der Homepage veröffentlicht · Linnaeusstraat/Oosterpark · 1093 ER Amsterdam · www.ketikotiamsterdam.nl

Im Oosterpark wird jedes Jahr am 1. Juli das Ende der Sklaverei gefeiert.

## 81 Denkmal für einen zum Schweigen Gebrachten

**Der brutale Mord** an dem Filmemacher Theo van Gogh erschütterte im Jahr 2004 die Stadt. In seinem letzten Werk *Submission* hatte der Regisseur die religiös motivierte Unterdrückung islamischer Frauen angeprangert und damit heftige Proteste ausgelöst. Am 2. November schoss ein junger marokkanischstämmiger Niederländer van Gogh auf offener Straße nieder. In der öffentlichen Wahrnehmung fasste man den Mord als Anschlag auf die Meinungsfreiheit auf. Im Oosterpark, nicht weit vom Ort des Anschlags, wurde van Gogh 2007 ein Denkmal gesetzt. Es zeigt sechs ineinander gestaffelte Profile. Das äußerste schreit aus voller Kehle, das innerste ist verstummt.

**De Schreeuw – Denkmal für Theo van Gogh** · Oosterpark (an der Südseite des Parks, zwischen Kastanjeweg und Eikenweg) · Amsterdam

## 82 Die Könige der Amstel

**Mit einem der größten und ältesten Rennen** des Landes beginnt jedes Jahr im März die niederländische Rudersaison. Seit 1933 wird in Amsterdam die Head of the River genannte Ruderregatta ausgetragen. Die Strecke führt rund acht Kilometer den Flusslauf der Amstel entlang, von der Nieuwe Amstelbrug mitten in der Stadt ins beschauliche Ouderkerk. Jedes Jahr nehmen über 500 Mannschaften mit mehr als 4000 Ruderern, Amateuren wie Profis, teil. Hunderte von Zuschauern radeln entlang der Ufer mit. Der schnellste Männer- und der schnellste Frauen-Vereinsachter werden mit dem Blauen Wimpel geehrt, ihre Vereine dürfen sich ein Jahr lang »Könige der Amstel« nennen.

**Head of the River** · Jedes Jahr im März · Start: Nieuwe Amstelbrug · Amsterdam · www.headoftheriver.nl

Auf den Grachten wird gepaddelt, und auf der Amstel gibt's sogar Ruderregatten.

83

# Zwei Fliegen mit einer Klappe …

*Es ist Ende Mai. In einem modernen Wohnblock packen Dutzende von Studenten ihre Bücher, Pullis, Laptops und Familienfotos ein. Umzugskartons werden durch die Flure geschleppt. Innerhalb weniger Tage ist das Gebäude wie leergefegt. Was treibt die jungen Leute in Scharen aus ihren komfortablen, bezahlbaren Zimmern?*

**Während die Studenten ihre Sachen packen**, heuert eine Reinigungsfirma dreißig zusätzliche Arbeitskräfte an. Die Mammutaufgabe, die vor ihnen liegt, ist mit der Stammbesetzung allein nicht zu schaffen. Jedes einzelne der 370 Zimmer, die die Studenten gerade geräumt haben, wird einer umfassenden Grundreinigung unterzogen. Innerhalb der letzten drei Maitage macht der schicke Komplex am Ringvaart-Kanal eine erstaunliche Wandlung durch: Aus den Studenten- werden für die nächsten vier Monate Hotelzimmer. Wenn dann Ende September die Haupttourismussaison zu Ende ist, ziehen wieder Jungakademiker ein.

So neu und modern, wie dieses Konzept klingt, ist es gar nicht. 1957 gründeten vier junge Männer, darunter der spätere EU-Kommissar Frits Bolkestein, die Stiftung Casa Academica. Nach skandinavischem Vorbild wollten sie zwei Fliegen mit einer Klappe schlagen: ein Haus mit bezahlbaren Studentenzimmern bauen und diese im Sommer zur Re-Finanzierung an Touristen vermieten. Dieses erste (und größte) Teilzeithotel der Niederlande eröffnete 1962 in der James Wattstraat und hatte 400 Zimmer – daher der Name Casa 400. In den 1960er-Jahren ging es hier teilweise hoch her: Politische Parolen wurden an die Fenster geklebt, Studenten weigerten sich, zu Beginn der Hotelsaison auszuziehen. Im Jahr 2010 bezog das Casa 400 einen schicken, größeren Neubau. Seitdem stehen rund ums Jahr 150 ständige Hotelzimmer bereit. In weiteren 370 Räumen genießen Studenten für eine bezahlbare Monatsmiete die komfortable Ausstattung und den kostenlosen Internetzugang – bis Ende Mai wieder die große Metamorphose beginnt.

**Hotel Casa 400** · Eerste Ringdijkstraat 4 · 1097 BC Amsterdam · Tel. 020/665 1171 · www.hotelcasa400.nl · Für die studentischen Bewohner gibt es eine eigene Website: www.studentencasa400.nl

Auf den ersten Blick ein ganz normales Hotel …
… doch in Wirklichkeit eine Mischung aus Studenten- und Touristenunterkunft.

Hätten Sie gedacht, dass dieser moderne Wohnkomplex aus Containern besteht?

# Schöner wohnen im Überseecontainer

84

*Mitte der 1980er-Jahre stürmte die Band »Living in a Box« mit ihrem gleichnamigen Titel die Charts. Auf die Bewohner der Studentenwohnungen am H.J.E. Wenckebachweg trifft diese Songzeile definitiv zu: Sie leben in zu Apartments umgebauten Überseecontainern und finden ihr Zuhause, das größte Containerdorf Europas, echt den Hit.*

**Quaderförmig, praktisch, gut**: Das Studentendorf am H.J.E. Wenckebachweg besteht aus 1000 Überseecontainern, die in Reihen fünf Lagen hoch übereinandergestapelt sind. Je zwei Reihen bilden zusammen einen Block mit abgeschlossenem Innenhof, in dem Fahrräder parken. In unmittelbarer Nähe zu diversen Hochschulgebäuden gelegen, steht die Siedlung bei den Studierenden hoch im Kurs. Die Stadt Amsterdam hat das Containerexperiment gewagt, um kostengünstig und flexibel dem Mangel an bezahlbaren Studentenunterkünften abzuhelfen. Ende 2005 konnten die ersten Mieter einziehen; Mitte 2006 war die Siedlung, die neben den Studentenapartments auch einen Supermarkt, ein Café, einen Waschsalon und einen Fußballplatz umfasst, fertig. Eigentlich sollten die Apartmentriegel nur fünf Jahre an diesem Standort bleiben. Doch aufgrund des großen Erfolgs dürfen sie nun wohl mindestens bis 2016 stehen bleiben.

Der Wenckehof entstand in Zusammenarbeit mit einer Firma, die neue und gebrauchte Container in Wohnraum umwandelt. Die rund 28 Quadratmeter großen Studentenapartments waren einmal 40-Fuß-Standardcontainer. Jetzt sorgen gläserne Fenster und Türen an den Stirnseiten für genügend Licht, eine Belüftungsanlage, Schall- und Wärmedämmung für Komfort. Das mittig eingebaute Bad unterteilt die rund zwölf Meter langen Gehäuse in zwei Räume. Per Kran können die Apartments ruckzuck aufeinandergesetzt und sturmsicher verbunden werden. Treppenhäuser, Laubengänge und kleine Balkone dran – fertig ist das Studentendorf! Auch anbauen wäre im Prinzip kein Problem: Schätzungen zufolge gab es 2010 bereits rund 100 Millionen Überseecontainer …

**Studentenwohnkomplex Wenckebachweg** · Nur von außen zu besichtigen · Im nördlichen Abschnitt des H.J.E. Wenckebachwegs · 1096 Amsterdam · Homepage der Bewohner: www.bewonersverenigingwenckehof.nl

Hell und einladend präsentiert sich das Begräbnismuseum.
Die Ausstellungsmacher gehen sehr unbefangen mit dem Thema Tod um.

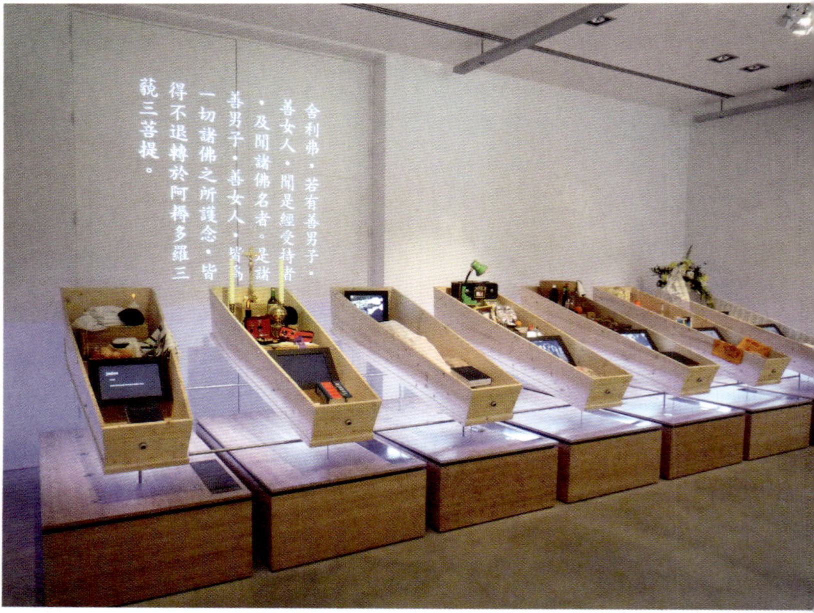

85

# Mach's gut!

*Wie die Menschen mit dem Tod umgehen, sagt viel darüber aus, wie sie leben. Auf einem der schönsten Friedhöfe Amsterdams, dem De Nieuwe Ooster Begraafsplaats, widmet sich ein Museum der Frage, wie Menschen verschiedener Kulturen ihren Verstorbenen die letzte Ehre erweisen.*

**Der Kleine Hein hat rosa Puschen an**, eine viel zu große Sense in der Hand und ein schüchternes, zahnlückiges Grinsen im Gesicht. Das niedliche Sensenmännchen ist das Maskottchen des museumspädagogischen Angebots, das das Nederlands Uitvaart Museum Tot zover für Kinder bereithält. Dazu gehört beispielsweise ein Bastelbogen, mit dem man einen Mini-Sarg für sein verstorbenes Haustier basteln kann. Überhaupt pflegt man in diesem 2007 eröffneten Museum für Beerdigungskultur einen recht ungezwungenen Umgang mit dem Tod. »Tot zover!« etwa heißt lapidar »Bis dann!«, und die beiden »Ts« im Namenszug sind wie Grabkreuze gestaltet.

**▶ Der Friedhof De Nieuwe Ooster, 1894 durch den Landschaftsarchitekten Leonard A. Springer entworfen, ist zugleich ein Arboretum, ein Baumpark mit rund 500 Arten.**

Das Museum ist in einem hübschen Wohnhaus aus dem 19. Jahrhundert untergebracht, in dem einst der Totengräber wohnte. Daran schließt sich ein moderner, lichtdurchfluteter Neubau an, der zur Hälfte in den Boden abgesenkt ist. Die permante Ausstellung gliedert sich in unterschiedliche Bereiche. Gleich im ersten, der die Überschrift »Rituale« trägt, steht der Besucher vor sieben offenen Särgen mit Bildschirmen darin, die über Beerdigungsgepflogenheiten informieren. Im Abschnitt »Der Leichnam« kann man einen Blick hinter die Kulissen des Bestatterhandwerks werfen; dem Umgang der Hinterbliebenen mit dem Tod ist der Teil »Trauern und Erinnern« gewidmet. Zu den Exponaten gehören Trauerkleidung und Todesanzeigen, Totenmasken und Urnen, Grabsteine und Särge, eine Begräbniskutsche und eine Sammlung von Miniatur-Leichenwagen.

**Nederlands Uitvaart Museum Tot zover** · Di–So 11–17 Uhr · Kruislaan 124 · 1097 GA Amsterdam · Tel. 020/694 04 82 · www.totzover.nl

86

# Die coolste Eisbahn der Niederlande

*Als die Jaap-Eden-Eisbahn im Dezember 1961 ihre Pforten öffnete, war sie die dritte 400-Meter-Bahn weltweit. Rund 8000 Schlittschuhläufer aus dem ganzen Land drehten hier allein am Eröffnungswochenende ihre Runden. Bis heute genießen viele Läufer das besondere Erlebnis, unter freiem Himmel auf Kunsteis zu laufen.*

**Vernehmlich schallte die Stimme** des Zehnjährigen über das Gelände: »Hiermit gebe ich dieser Eisbahn den Namen meines Großvaters Jaap Eden.« Der Knirps, der bei der Einweihungsfeier diese Worte sprach, war der Enkel eines Ausnahmesportlers. Jacobus Johannes Eden, genannt Jaap, wurde 1873 in Groningen geboren. Eden machte zunächst als Eisschnellläufer Karriere, reüssierte aber auch als Radrennfahrer. Seinen ersten Weltmeistertitel holte er 1893 auf Schlittschuhen. Eine kolorierte Fotografie aus jener Zeit zeigt den Champion als eher zierlichen Mann mit Schnauzbart, in Knickerbockern, wollener Bommelmütze und Schlittschuhen. Die Liste seiner sportlichen Erfolge ist beeindruckend: Diverse Weltrekorde sowie drei Weltmeistertitel im Eisschnelllauf, zwei weitere im Radsport.

Ähnlich rekordverdächtig wie der Namensgeber ging auch die Jaap-Eden-Eisbahn an den Start. Das unter freiem Himmel gelegene Oval war die erste 400-Meter-Bahn der Welt, bei der Ammoniak als Kühlmittel durch die Rohre strömte. Der Besucherandrang war in den ersten Jahren so groß, dass an manchen Tagen berittene Polizei die Menge in Schach halten musste. Zahlreiche Wettkämpfe, darunter auch der erste Schlittschuhmarathon, wurden und werden auf dieser Bahn ausgetragen. Seit 1973 steht auf dem Terrain zusätzlich eine Eislauf- und Veranstaltungshalle zur Verfügung. Die Jaap-Eden-Eisbahnen sind nur von Oktober bis März geöffnet. Im September werden Skate-Kurse und ein Fitnesstraining zur Vorbereitung auf die Wintermonate angeboten. Während der Eislaufsaison gibt es Schlittschuhkurse, für Anfänger steht eine separate Übungsfläche zur Verfügung. Samstags findet in der Halle eine Eisdisco statt.

**Jaap Eden IJsbaan** · Oktober–März (genaue Zeiten auf der Homepage) · Radioweg 64 · 1098 NJ Amsterdam · Tel. 020/694 96 52 · www.jaapeden.nl

Und noch ’ne Runde: 400 Meter ist die Außenbahn der Jaap-Eden-Eisbahn lang.

# 87 Musikalische Piraten auf hoher See

*»Dit is Radio Veronica; het station, waar muziek in zit!« Ja, im Programm von Radio Veronica war wirklich Musik drin. Von einem Schiff außerhalb der niederländischen Drei-Meilen-Zone sendete der Piratensender aktuelle Hits. Heute liegt das legendäre Schiff in Amsterdam-Noord vor Anker und dient passenderweise als Mediacafé.*

**Die Radiohelden unserer Kindheit und Jugend** hießen Rob Out, Joost de Draayer oder Lex Harding. Vor allem für Teenager, auch in Deutschland, war das Programm des Offshore-Senders eine Offenbarung, Sendungen wie die samstäglichen Top 40 waren Pflichttermine. Die Gründer des Senders, eine Gruppe von Radiohändlern, machten sich eine Gesetzeslücke zunutze, als sie 1960 in den internationalen Gewässern vor Katwijk den Sendebetrieb aufnahmen. Solange sich die Sendestation, die zunächst auf dem umgerüsteten Feuerschiff Borkum Riff, später auf dem Heringslogger Norderney installiert war, sich außerhalb der niederländischen Gewässer befand, konnten die Piraten unbehelligt senden. Bald zählte das werbefinanzierte Privatradio, dessen locker moderierende DJs als erste die neuen Singles der Rolling Stones oder der Beatles spielten, zu den beliebtesten Sendern.

▶ **Am gleichen Pier liegen noch weitere Schiffe mit Geschichte, darunter ein altes Feuerschiff und das schwimmende Hotel Botel (www.amstelbotel.nl). Außerdem ist Amsterdam der Heimathafen des legendären Greenpeace-Schiffes Sirius.**

Doch der Druck der anderen Nordsee-Anrainer, diesem Treiben ein Ende zu setzen, wuchs. Tausende jugendliche Hörer demonstrierten vor dem Regierungssitz in Den Haag für den Erhalt ihres Senders – vergebens. Am 31. August 1974 musste der Piratensender seinen Sendebetrieb auf See einstellen. Das Schiff aber, von dem die Rundfunkpiraten einst sendeten, liegt heute komplett restauriert am NDSM-Pier. Im Dezember 2013 eröffnete an Bord ein Mediacafé, außerdem soll es Raum für TV-Produktionen sowie für Musik, Theater, Kunst und Tanz bieten.

**Het Veronicaschip** · Mediacafé Fr–So 12–21 Uhr · NDSM-Pier 1 · 1033 RG Amsterdam · Tel. 020/370 71 42 · www.veronicaschip.nl

In den 1960er-Jahren hörte zeitweise jeder dritte Niederländer Radio Veronica.

# 88 Der Eiffelturm von Amsterdam

*Vom Whirlpool aus hat man einen fantastischen Blick auf die Silhouette Amsterdams. Kein Wunder – er steht in 50 Metern Höhe unter freiem Himmel ganz oben auf einem ehemaligen Hafenkran, der zu einem kleinen, aber feinen Luxushotel umgebaut wurde. Die spektakuläre Unterkunft wurde am 4. April 2014 eröffnet.*

**Seit Jahr und Tag war der Kran 13** das Wahrzeichen der NDSM-Werft im Amsterdamer Stadtteil Noord. Doch 1984 gingen bei der angeschlagenen Werft endgültig die Lichter aus. Anschließend rostete das Industriedenkmal jahrelang vor sich hin, bis Investor Edwin Kornmann Rudi es für den symbolischen Preis von einem Euro kaufte und in ein exklusives Hotel mit nur drei Suiten umwandelte. Nach einem mehr als zwanzig Jahre dauernden Dornröschenschlaf wurde der Kran allerdings zunächst einmal Stück für Stück demontiert und im friesischen Franeker einer Runderneuerung unterzogen, bevor er auf das NDSM-Gelände zurückkehrte.

**► In den nahe gelegenen IJ-Hallen findet jeden Monat einer der größten Trödelmärkt Europas statt. Infos und Termine unter www.ijhallen.nl.**

Nach dem Umbau beherbergt Kran 13 nun ein kleines TV-Studio. Darüber liegen in 35, 40 und 45 Metern Höhe die Suiten, die auf einer Grundfläche von je rund 36 Quadratmetern über einen Wohn- und einen Schlafbereich sowie ein Bad verfügen. Die mittlere Suite ist im ehemaligen Maschinenraum untergebracht. Mittels zweier Panoramaaufzüge gelangen die Hotelgäste zu ihren Domizilen, die bis zu 600 Euro pro Übernachtung kosten. Dafür gehören zum Service Wunschmusik im Zimmer und ein kostenloser Bootstransfer vom Hauptbahnhof. Wer den Aufwand für eine Übernachtung scheut, kann die spektakuläre Aussicht dennoch genießen: Es besteht nämlich die Möglichkeit, einen Bungeesprung vom Kran herab zu buchen. Allzu lange dürfen sich die Springer allerdings nicht am Panoramablick weiden: »Nach einer halben Stunde schmeißen wir Sie runter«, kündigen die Betreiber auf der Internetseite an …

**Faralda Amsterdam NDSM Crane Hotel** · NDSM-Plein 78 · 1033 WB Amsterdam · Tel. 020/760 61 61 · www.faralda.com

Wer schon immer hoch hinaus wollte, schläft im Mini-Hotel im Hafenkran sicher gut.

89

# Espresso mit Aussicht

**Der Kiosk ist winzig, der Espresso überwältigend**. Strategisch günstig direkt am Fähranleger gelegen ist Al Ponte – Caffè Italiano die Rettung für jeden Koffeinabhängigen, der in Amsterdam auf der Suche nach einem »richtigen« Kaffee ist. Dazu serviert Silvia Salani in ihrem echt italienischen Kiosk köstliche Sandwiches, leckere Suppen und einen genialen Zitronenkuchen nach einem alten Familienrezept. Gratis dazu gibt's von der Terrasse aus einen fabelhaften Blick über das Wasser und auf die vorbeifahrenden Schiffe. Wer mag, schlendert den Noordwal am Ufer entlang und genießt das Panorama im Gehen mit einem Caffè to go. Der Weg führt am Rande eines Viertels mit öffentlichem Wohnungsbau vorbei, für das kein Geringerer als Stararchitekt Rem Koolhaas die Pläne zeichnete.

**Al Ponte – Caffè Italiano** · Mo–Fr 8–18, Sa, So 10–18 Uhr · Meeuwenlaan 2/IJplein · 1021 HR Amsterdam · Tel. (mobil) +31 6 42 08 74 82 · www.alponte.nl

Hinterm Hauptbahnhof legen die Fähren zum köstlichsten Kaffee der Stadt ab.

# Autoschau im Goldfasan

**Eins vorweg**: Wann hier das letzte Mal ein Goldfasan vorbeigekommen ist, erscheint angesichts des eher industriell geprägten Ambientes mehr als fraglich. Übernachten können Sie im Hotel de Goudfazant übrigens auch nicht – es handelt sich nämlich um ein Restaurant, und zwar um ein hervorragendes. Das Gebäude einer ehemaligen Autowerkstatt verstömt einen eher ruppigen Charme. Das Weinregal zum Beispiel besteht aus zugesägten Europaletten. Ein echter Hingucker ist der gewaltige Kronleuchter aus Milchflaschen, der über den weiß eingedeckten Tischen schwebt. Hier und da sind in Sichtweite der Gäste schicke Autos geparkt und durch die großen Rolltore sieht man aufs Wasser. Obwohl etwas ab vom Schuss, ist der Laden immer gut besucht – darum unbedingt reservieren!

**Hotel de Goudfazant** · Di–So ab 18 Uhr · Aambeeldstraat 10 H · 1021 KB Amsterdam · Tel. 020/636 51 70 · www.hoteldegoudfazant.nl

Für Autofans könnte das Essen hier fast zur Nebensache werden.

91

# Hart am Wind

*Wer braucht schon Wasser zum Segeln? An Land geht's doch auch! Eine halbwegs ebene, hinreichend große Fläche mit festem Untergrund, genügend Wind – schon kann's losgehen. Im Amsterdamer Stadtteil IJburg hat im November 2013 der nach Angaben der Betreiber »erste innerstädtische Landsegelplatz der Welt« eröffnet.*

**Selten macht ein Lückenbüßer so viel Spaß**! Weil ein Areal auf dem Zeeburgereiland im neuen Stadtteil IJburg vorläufig nicht bebaut werden sollte, suchte die Gemeindeverwaltung eine attraktive Zwischenlösung für das 3,6 Hektar große Terrain. Flugs wurde ein Ideenwettbewerb ausgeschrieben. Den Zuschlag bekamen schließlich zwei Eis- und Landsegler mit ihrem Plan, dort einen Landsegelplatz zu eröffnen. Die beiden können das Gelände zehn Jahre lang nutzen, für eine symbolische Miete von einem Euro. Inzwischen ist hier Wind 'n Wheels entstanden, eine Spielwiese für diverse Funsportarten. So kann man hier Elektro-Skateboards ausprobieren; der Schwerpunkt liegt aber ganz klar auf dem Landsegeln.

Für Anfänger sind sogenannte Blokarts ideal, weil man sie lenken kann – entweder mit einer Art Fahrradlenker oder, wie bei Wind 'n Wheels, mit einem Fußpedal, sodass man beide Hände für das Segel frei hat. Auf einem Fahrgestell mit einem kleinen und drei großen Rädern ist eine Art Liegesitz befestigt. Für den Antrieb sorgt ein Segel, das an ein Surfboard erinnert. Nach einer anderthalbstündigen Einführung in Theorie und Praxis des Blokartfahrens kommen in der Regel auch Anfänger schon mit den flotten Vehikeln zurecht. Falls nicht, stehen auch Zweisitzer zur Verfügung, in denen man in Begleitung eines Lehrers noch ein bisschen üben kann. Die wendigen Gefährte können auch bei moderatem Wind durchaus Geschwindigkeiten zwischen 25 und 40 Stundenkilometern erreichen. Helme sind darum Pflicht. Im Prinzip eignet sich dieser Sport aber für jede Altersgruppe, meinen die Gründer. Nur zu leicht sollte man nicht sein, wegen der Bodenhaftung …

**Wind 'n Wheels** · Di–Fr ab 12, Sa, So ab 10 Uhr · Zuiderzeeweg 1 · 1095 KG Amsterdam · Tel. (mobil) +31 6 24 58 72 04 · www.windnwheels.nl

Schwimmwesten sind beim Strandsegeln überflüssig, Helme hingegen ratsam.

Das Fort Pampus ist Teil des berühmten Festungsrings Stelling van Amsterdam.

# Schiffskamele und Inselhüter

92

*Jahrhundertelang hatten sich die Amsterdamer mit einer tückischen Sandbank namens Pampus herumgeärgert, die größeren Schiffen die Einfahrt in den Amsterdamer Hafen erschwerte. Ende des 19. Jahrhunderts machten sie schließlich aus der Not eine Tugend und aus der Sandbank eine neuzeitliche Verteidigungsanlage.*

**Wenn es in den Niederlanden über jemanden heißt**, er »liege vor Pampus«, ist der Betreffende entweder sturzbetrunken oder aus anderen Gründen völlig bewegungsunfähig. Die Redewendung geht auf das Goldene Zeitalter zurück. Wenn die Handelsschiffe der Ostindien-Kompanie vollbeladen zurückkehrten, lagen sie so tief im Wasser, dass sie die Untiefe bei Pampus nicht passieren konnten. Tagelang mussten sie dann warten, bis aus Amsterdam Schiffskamele herbeigebracht wurden – das waren schwimmende Trockendocks, mit denen die Ostindienfahrer über die Sandbank gelupft wurden.

Ende des 19. Jahrhunderts wurde ein Festungsring zum Schutz der Hauptstadt angelegt, die Stelling van Amsterdam. Und nun war die lästige Sandbank plötzlich zu etwas nutze: Sie wurde zu einer richtigen Insel aufgeschüttet und darauf ein Fort gebaut. Zu Kampfhandlungen kam es jedoch nicht, sodass das Fort 1933 aufgegeben wurde. Im Hungerwinter 1944/45 verheizten die verzweifelten Menschen dessen hölzerne Bestandteile; das Metall hatten sich schon die deutschen Besatzer unter den Nagel gerissen. 1990 nahm eine Stiftung das Eiland unter ihre Fittiche und 2011 wurde hier ein multimediales Besucherzentrum (www.pampus.nl) eröffnet, das die Geschichte des mittlerweile zum Weltkulturerbe zählenden Verteidigungsrings nachzeichnet. Zwischenzeitlich wohnte sogar ein Fortwächterpaar auf der Insel, doch inzwischen ist das Eiland wieder unbewohnt. Von Amsterdam aus verkehrt im Sommer ein Fährdienst mit historischen Schiffen nach Pampus.

▶ **Wenn Sie vom Hauptbahnhof aus die Tram 26 bis zur Endhaltestelle Pampuslaan nehmen, wird schon die Anreise zum Fähranleger zur Sightseeing-Tour entlang des IJ.**

**Pampus/Veerdienst Amsterdam** · Anfang April–Ende Oktober; Abfahrt Amsterdam Di–Fr 11, Sa, So 11 und 13.30 Uhr · Ab Krijn Taconiskade 124 · 1087 HV Amsterdam · Tel. 020/427 88 88 · www.veerdienstamsterdam.nl

Erst ist es gewöhnungsbedürftig, dann wird man süchtig: Stehpaddeln macht Spaß!

# Ein Hauch von Hawaii in Amsterdam

93

*Immer mehr Menschen entdecken das Stehpaddeln als anspruchsvolles Ganzkörper-Workout. Kein Wunder, dass dieser Trend auch in Amsterdam längst angekommen ist. Eine der ersten Stand-up-Paddling-Schulen der Stadt hat Morene Dekker in IJburg gegründet und veranstaltet manchmal sogar Grachtentouren.*

**Cameron Diaz tut es, Jennifer Aniston ebenfalls**. Aufrecht stehend bewegt ein geübter Stand-up-Paddler (kurz SUPler) sein Brett voran, indem er ein langes Stechpaddel immer abwechselnd links und rechts ins Wasser taucht. Mühelos und elegant sieht das aus. Tatsächlich dauert es gar nicht lange, bis man sich auf dem rund drei Meter langen Board halbwegs standfest fühlt. Und dann beginnt das pure Vergnügen: Beinahe lautlos gleitet man dahin und kann die Blicke weit über das Wasser schweifen lassen. Diesen Vorteil machten sich in den 1960er-Jahren Surflehrer auf Hawaii zunutze, die auf diese Weise ihre Schüler besser im Blick behalten konnten. Sie hatten sich diese Art der Fortbewegung von polynesischen Fischern abgeschaut.

Den aktuellen SUP-Trend haben Weltklasse-Surfer wie Robby Naish oder Laird Hamilton losgetreten. Via Amerika hat der Trend längst auch Europa erreicht. In den von Wasser geprägten Niederlanden fand er schnell begeisterte Anhänger wie Morene Dekker. Als sie 2010 mit ihrem SUP-Board in der Gegend von Amsterdam paddelte, wurde sie so oft gefragt, wo man das lernen könne, dass sie kurzerhand anfing, Stunden zu geben. Bald darauf eröffnete sie in IJburg ihre eigene Schule M&M SUP. Wer will, kann eine Einführung buchen und sich anschließend mit einem Guide auf den Weg machen, um Amsterdams Grachten stehpaddelnd zu erkunden. Für Fortgeschrittene gibt's auch Yoga- und Pilates-Kurse. Auf dem Board. Auf dem Wasser.

▶ **Blijburg heißt der mobile Stadtstrand von Amsterdam. Immer dann, wenn der aktuelle St(r)andort bebaut wird, wandert er an einen anderen Fleck. Wo er sich gerade befindet, kann man unter www.blijburg.nl herausfinden.**

**M&M SUP IJburg, Strand Blijburg** · April–Oktober, Zeiten auf Anfrage oder auf der Homepage unter SUP Lessen · Muiderlaan 1001 · 1087 VA Amsterdam · Tel. (mobil) +31 621 20 22 22 · www.mm-sup.com

94

# Sorry, Jungs!

**Hostelle, das erste Women-only-Hostel der Niederlande**, öffnete pünktlich zum Weltfrauentag am 8. März 2012 seine Pforten. Inspiriert durch ähnliche Projekte in London und New York, beschloss Gründerin Bianca Brasdorp auch in Amsterdam allein reisenden Frauen ein gemütliches und sicheres Dach über dem Kopf zu bieten. Das Hostel richtet sich bewusst auch an Frauen mit schmalerem Geldbeutel: Hier gibt es zwei Zwei-Bett- sowie Vier-, Sechs- und Acht-Bett-Zimmer. Jeder Raum hat ein anderes Thema, von »Marie Antoinette« bis »Afrika«. Die Einrichtung ist ein sympathischer Stilmix, angereichert mit Flohmarktfunden. Sicher, blitzblank und dazu noch ausgesprochen günstig ist diese Unterkunft längst kein Geheimtipp mehr. Männliche Besucher dürfen hier allerdings nur in den Frühstückraum – sorry, Jungs!

**Hostelle** · Frankemaheerd 2 · 1102 AN Amsterdam · Tel. 020/770 35 04 · www.hostelle.com

Ein Schlafsaal sieht anders aus: Selbst das 8er-Zimmer im Hostel wirkt gemütlich.

# Glanzvoller Auftritt

**Rund 120 000 LED-Lämpchen** verwandeln die Außenhaut dieser modernen Eventhalle in einen riesigen Bildschirm, über den wechselnde Bilder flimmern. Beim Bau der 2012 fertiggestellten Halle gab es zwei Leitmotive: eine möglichst gute Akustik und einen möglichst guten Blick auf die Bühne. Beide Ziele wurden voll und ganz erreicht, und so geben sich seit der Eröffnung die Stars hier die Klinke in die Hand: Lady Gaga war schon hier, Pearl Jam, Sting, Madonna, The Who, George Michael und, und, und … Die Akustik des großen Saals ist speziell auf elektronisch verstärkte Musik abgestimmt. Rund 17 000 Zuschauer finden im Ziggo Dome Platz – die umlaufenden Tribünenreihen sind in Summe fünf Kilometer lang, und zur Versorgung der Fans wurden im Gebäude insgesamt zwei Kilometer Bierleitungen verlegt …

**Ziggo Dome** · De Passage 100 · 1101 AX Amsterdam · Tel. 020/312 56 56 · www.ziggodome.nl

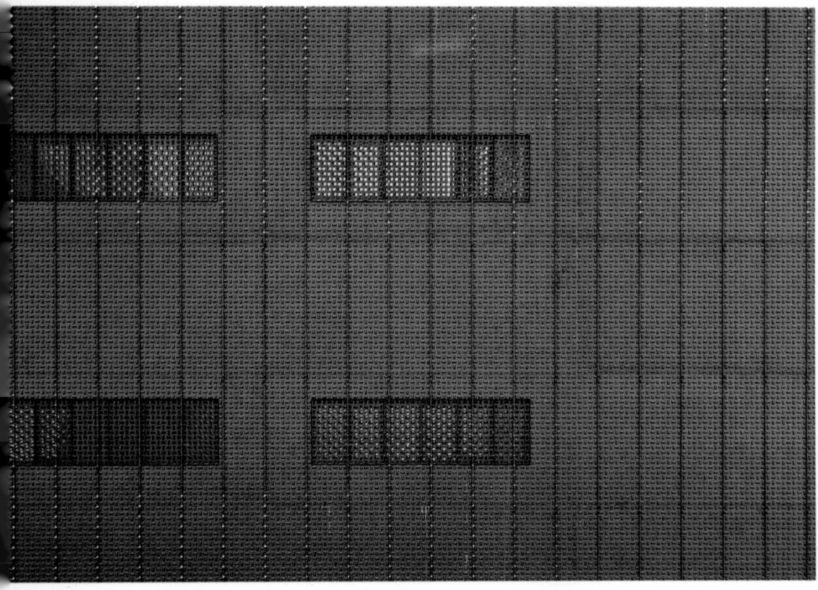

Tausende von Lämpchen bringen diese Fassade auf Knopfdruck zum Funkeln.

# 96 Ajax, das rot-weiße Lebensgefühl

*In die Freude über das schicke neue Domizil mischte sich eine gehörige Portion Abschiedsschmerz. Über sechzig Jahre lang war das Stadion De Meer im Stadtteil Watergraafsmeer die Heimat des Fußballvereins Ajax Amsterdam, Schauplatz von Triumphen und Niederlagen. Der Umzug in die moderne Arena fiel Fans wie Spielern nicht leicht.*

**Ajax gehört zu Amsterdam wie der Grachtengürtel**, zumindest wenn man die Fans des im Jahre 1900 gegründeten Rekordmeisters fragt. Spieler wie die in Amsterdam aufgewachsene Fußballlegende Johan Cruyff sorgten dafür, dass Ajax nur ein einziges Mal in der Vereinsgeschichte abstieg – in der Saison 1913/1914. Zwanzig Jahre später bezog der Verein, längst wieder Erstligist, das Stadion De Meer. Das letzte Spiel dort fand Ende April 1996 statt, danach wurde es abgerissen. Ajax ist seitdem in der neuen Amsterdam ArenA zu Hause, die mehr als 53 000 Zuschauern Platz bietet. Weil man sich auf kommunaler Ebene nicht einigen konnte, wurde dieses größte Stadion der Niederlande nicht, wie ursprünglich geplant, halb auf dem Terrain der Nachbargemeinde Ouder-Amstel gebaut. Aus diesem Grund führt nun der mehrspurige Burgemeester Stramanweg unter dem Stadion hindurch, und der Rasen liegt rund zehn Meter über dem Boden. Als erstes Stadion in Europa wurde die Amsterdam ArenA mit einem zweigeteilten Schiebedach ausgestattet, das sich innerhalb von 18 Minuten schließen lässt. Ein Novum war auch die 60 Meter lange, blickdicht abgeschottete Fußgängerbrücke, die vom nahegelegenen Bahnhof direkt in die gegnerische Fankurve führt. Sie wird nur bei Fußballspielen geöffnet und soll Krawallen vorbeugen.

Wer sich den rot-weißen Heroen ganz nahe fühlen möchte, kann an einer Stadiontour teilnehmen. Dann dürfen auch Normalsterbliche einmal den Rasen betreten (allerdings nur am Rand!), und wenn kein Spiel oder Training ansteht, führt der Rundgang sogar bis in den Kabinentrakt, wo über den Schalensitzen die Rückennummern der Stars prangen.

**Amsterdam ArenA** · Termine World of Ajax-Tour saisonabhänging, siehe Homepage · ArenA Boulevard 1 · 1101 AX Amsterdam · Tel. 020/311 13 36 · www.amsterdamarena.nl

Nachts sieht das erleuchtete Stadion von Weitem wie ein riesiges Ufo aus.

Solche Poldermühlen sorgten einst dafür, dass Amsterdam keine nassen Füße bekam.

# Gott schuf die Welt und die Niederländer Holland

97

*Eine der meistfotografierten Windmühlen der Niederlande steht am Rande von Amsterdam. Die malerisch am Amstelufer gelegene Riekermolen ist aber auch ein Bauwerk wie aus dem Bilderbuch. Dass sie ursprünglich gar nicht hier erbaut wurde, sondern ganz woanders stand, tut ihrer Schönheit wirklich keinen Abbruch …*

**Es gibt da diesen alten Spruch**: »Gott schuf die Welt und die Niederländer Holland.« Das klingt erst einmal ziemlich überheblich, und doch ist viel Wahres dran. Tatsächlich haben die Niederländer weite Teile ihres Landes dem Wasser abgetrotzt: Sie haben künstliche Inseln aufgeschüttet und Deiche gebaut, Kanäle gegraben und Polder angelegt, indem sie große Wasserflächen mit Deichen abteilten und anschließend leerpumpten. Das so gewonnene Acker- und Weideland lag dann natürlich unterhalb des Wasserspiegels. Damit es nicht postwendend wieder absoff, musste das Wasser ständig abgepumpt werden. Diese Aufgabe übernahmen in früheren Zeiten Poldermühlen, die per Windkraft Schöpfwerke antrieben.

**▶ Schon Rembrandt schätzte diese malerische Gegend sehr. Unweit der Mühle wurde 1969, an Rembrandts 300. Todestag, eine Statue enthüllt, die den Künstler bei der Arbeit zeigt.**

Auch die Riekermolen ist eine solche Poldermühle. Ursprünglich stand sie unweit des Dörfchens Sloten und sorgte von ihrer Fertigstellung im Jahre 1636 an fast dreihundert Jahre lang dafür, dass der Riekerpolder nicht wieder voll lief. Erst 1932 übernahm eine elektrische Pumpe diesen Job. Die Riekermolen musste 1956 der Erweiterung des Nieuwe Meer weichen. Der Wiederaufbau am Amstelufer verzögerte sich, weil der beauftragte Mühlenbauer dabei tödlich verunglückte, und wurde erst 1961 abgeschlossen. Inzwischen ist die achteckige rietgedeckte Mühle eines der Highlights im Amstelpark, der für die internationale Gartenschau Floriade 1972 angelegt wurde. Heute steht sie meistens still, nur in den Sommermonaten ist sie bei günstigem Wind an Samstag- und Sonntagnachmittagen in Betrieb. Die Riekermolen ist bewohnt und kann nur von außen besichtigt werden.

**Riekermolen** · De Borcht 10 · 1083 AC Amsterdam · www.amstelpark.info/riekermolen

# 98 Auf die Bäume, fertig, los!

*Im Kletterwald Fun Forest am Rande des Amsterdamse Bos kommen selbst notorische Stubenhocker auf Touren und fühlen sich wie Tarzan persönlich. Insgesamt neun verschiedene Kletterrouten stehen zur Auswahl, von babyleicht bis richtig schwer – da findet jeder kleine oder große Klettermaxe genau die richtige Herausforderung.*

**Den Kindern macht's Spaß, den Eltern auch**. Im 2009 eröffneten Kletterwald Fun Forest Amsterdam kommt jeder auf seine Kosten: Schon Vierjährige klettern im eigens für sie eingerichteten Speelbos (»Spielwald«) herum. Für die etwas Älteren (sieben bis zwölf Jahre alt) gibt es eigene Routen, die sie nach der Sicherheitseinweisung ganz alleine erklimmen. Denn für beide Kinderparcours gilt: Für Große verboten! In Begleitung eines Erwachsenen können junge Gipfelstürmer aber auch per Seilbahn von einem Baum zum nächsten sausen oder über schwankende Hängebrücken balancieren. Selbst an Besucher mit Höhenangst wurde gedacht: Die gelbe und die himmelblaue Route sollen ihnen dabei helfen, das mulmige Gefühl zu überwinden. Die schwarze Route dagegen ist nur etwas für echte Kletterprofis: Spätestens beim Bungeesprung braucht man Nerven wie Drahtseile … Mindestens fünf der neun Parcours sind jeweils geöffnet. Gut zu wissen: Alle Plattformen, Stahlseile, Strickleitern und Taue sind so befestigt, dass der gewachsene Baumbestand keinen Schaden nimmt.

▶ **Ein weiterer Kindermagnet ist der Streichelzoo auf der Geitenboerderij Riedammerhoeve, einer Ziegenfarm (www.geitenboerderij.nl).**

Der Kletterpark liegt am Rande des Naherholungsgebiets Amsterdamse Bos. Dessen Bau wurde während der Weltwirtschaftskrise in den 1930er-Jahre als Arbeitsbeschaffungsmaßnahme in Angriff genommen. Das weitläufige Areal ist ausgesprochen familienfreundlich: Außer dem Kletterwald gibt es hier Kinderplanschbecken, Spielplätze und ausgedehnte Spielwiesen.

**Klimpark Fun Forest Amsterdam** · Öffnungszeiten saisonabhängig, siehe Homepage · Bosbaanweg 3 · 1182 Amstelveen · Tel. (werktags 9–17.30 Uhr) 088/369 7000 · www.funforest.nl/nl/amsterdam

Nochmaaaaaal! - Auf der Seilbahn quietscht der Nachwuchs vor Vergnügen.

Per Monitor erfahren die »Fluggäste« viel Wissenswertes über den Flughafen. Normalerweise führt für Besucher kein Weg aufs Rollfeld – per Bus schon.

# Ein Blick hinter die Kulissen

99

*Der Flughafen Schiphol ist eine eigene kleine Stadt für sich, mit Läden, medizinischer Versorgung, Polizei, Feuerwehr und sogar einer eigenen Zweigstelle des Rijksmuseums. Eine spannende Multimedia-Tour in einem eigens dafür ausgerüsteten Bus führt hinter die Kulissen des größten Flughafens der Niederlande.*

**Ein bisschen ist es so, als wollte man ein Flugzeug besteigen**: Spätestens eine halbe Stunde vor Abfahrt des Busses muss man einchecken. Nur vorab registierte Passagiere dürfen an Bord und auch seinen Ausweis sollte man parat haben, wenn man im Rahmen der gut einstündigen Bustour »Schiphol behind the scenes« (»hinter den Kulissen«) erkunden will. Diese Sicherheitsvorkehrungen sind nachvollziehbar, denn schließlich führt die Bustour in gesicherte Bereiche, zu denen man sonst keinen Zutritt hätte: an den Rand des Rollfelds, zur Feuerwache, zu den großen Flugzeughangars, zur Schneeräumflotte, zum Frachtflugbereich und dem Terminal für die Privatjets. Einspielfilme auf den Monitoren im Bus ermöglichen ungewöhnliche Einblicke, wie zum Beispiel den Landeanflug und das Aufsetzen aus dem Blickwinkel einer unter einem Flugzeug montierten Kamera. Die Tour wird in niederländischer Sprache mit englischen Untertiteln angeboten, ist aber auch ohne Sprachkenntnisse interessant. Eine Reservierung vorab ist ratsam. Kinder ab 13 Jahren benötigen einen eigenen Ausweis.

**▶ Im neuen Büroviertel Zuidas, nicht weit vom Flughafen entfernt, liegt das Designhotel Qbic. Hier übernachtet man in würfelförmigen Wohnmodulen – spacig, aber komfortabel (www.amsterdam.qbichotels.com).**

Wo heute der Flughafen liegt, lieferten sich die Schiffe des Prinzen von Oranje vor rund 400 Jahren erbitterte Seeschlachten mit der spanischen Flotte. Dem gefährlichen Haarlemmermeer soll der Ort auch seinen Namen verdanken: Im »Schiffsloch« versank so mancher Kahn. 1852 wurde das Gewässer trockengelegt, 1916 starteten hier die ersten Flüge. Heute verzeichnet der Flughafen jährlich rund 50 Millionen Passagiere.

**Schiphol behind the scenes** · November–April Mi–So 11, 12.30, 14.30, 16 Uhr; Mai–Oktober Di–So 10, 11.30, 13, 15, 16.30 Uhr · Check-in-Schalter Schiphol Plaza, neben dem Bahnsteig 5/6 · Flughafen Schiphol · 1118 AP Amsterdam · Tel. 020/316 39 51 · www.schipholbehindthescenes.nl

# Register

## Essen, Ausgehen, Unterkunft



## Einkaufen



## Kunst und Kultur

# Tradition



# Freizeit und Familie



# Wellness



# Natur



# Überraschendes

**Verantwortlich:** Ulrich Jahn, Marianne Rösler
**Redaktion:** Annette Rose
**Layout:** Roman Bold & Black
**Repro:** Repro Ludwig
**Korrektorat:** Viola Siegemund
**Umschlaggestaltung:** Ulrike Huber
**Kartografie:** Kartographie Huber, Heike Block
**Herstellung:** Bettina Schippel
Printed in Slovenia by Florjancic Tisk

★★★★★

**Sind Sie mit diesem Titel zufrieden? Dann würden wir uns über Ihre Weiterempfehlung freuen.**
Erzählen Sie es im Freundeskreis, berichten Sie Ihrem Buchhändler oder bewerten Sie bei Onlinekauf.
Und wenn Sie Kritik, Korrekturen Aktualisierungen haben, freuen wir uns über Ihre Nachricht an Bruckmann Verlag, Postfach 40 02 09, D-80702 München oder per E-Mail an lektorat@verlagshaus.de.

Unser komplettes Programm finden Sie unter www.bruckmann.de



**Bildnachweis:** Alle Bilder des Umschlags und des Innenteils stammen von Hans Zaglitsch, außer S.34: Marionettentheater Amsterdam; S.43: Tirza Mol; S.78: Op het Altaar; S.93o.: Pluk de nacht/Catalina Feres, u.: Pluk de nacht/Lennert Dickhoff; S.100: Het woeste westen; S.106: Rabozaal/Digidaan; S.115u.: Rijksmuseum Amsterdam; S.145: Vuurtoreneiland/Jos Kluwen; S.161: Casa 400; S.164: Museum Tot zover; S.167: Jaap Eden Ijsbaan; S.175: Wind & Wheels; S.180: Hostelle; S.188: Airport Schiphol; Umschlagvorderseite: Häuser (Shutterstock/devy), Gondel (Shutterstock/Alessandro Colle), Tulpen (Fotolia/Coloures-pic).

Die Deutsche Nationalbibliothek verzeichnet diese Publikation in der Deutschen Nationalbibliografie; detaillierte bibliografische Daten sind im Internet über http://dnb.d-nb.de abrufbar.



ISBN 978-3-7654-8299-1